JN069829

子育てと介護のダブルケア

事例からひもとく連携・支援の実際

編著
渡邉浩文
森安みか
室津 瞳
植木美子
野嶋成美

中央法規

はじめに

「ダブルケア」とは、横浜国立大学大学院の相馬直子先生、英国ブリストル大学の山下順子先生により創られた言葉です。広い意味では、家族や親族等の親密な関係のなかで、複数のケアの関係が発生し、複合的な課題が発生している状態のことを指すとされ、狭い意味では、子育てと親等の介護が同時進行している状況と説明されています。

この状況は最近急に現れたわけではなく、女性の晩婚化に伴う出産年齢の高齢化（晩産化）、少子高齢化、核家族化などを背景に増えてきているとされています。実際に私が初めてダブルケアのケースに出会ったのは、介護保険制度が始まる前で、特別養護老人ホームの職員をしているときでした。就学前の２人の子どもの育児をしながら若年性認知症の姑を介護されている女性のケースでした。面接のときに同席していたお子さんが、お母さんの真似をして介護にかかわろうとしている様子が記憶に残っています。介護につきっきりのお母さんの関心をひきたかったのではないでしょうか。家族全体を視野に入れた支援の必要性について考えさせられた事例の１つでした。

とはいえ、私自身はその後、研究テーマとしてダブルケアについて深く取り扱うことはありませんでした。そんな折、東京都杉並区で、子育てや高齢者の支援等、さまざまな活動をされている森安みかさんから、ダブルケア経験者であり、当事者支援の活動を行っている室津瞳さんをご紹介いただきました。そして、室津さんの「ダブルケアラーの声を集めてよりよい支援を考えていきたい」という思いに共感し、お手伝いしていくことになりました。その後、植木美子さん、野嶋成美さんにもご賛同いただき、武蔵野大学学院特別研究費を取得して、ダブルケア経験者・当事者へのヒアリングを行いました。そして、これらの収集された事例について、相馬先生より、是非、当事者の声を世の中に広めてほしいというご助言をいただき、本書の制作が始まりました。

本書の構成を説明します。第１章では相馬先生にダブルケアの基本的な考え方や現状等についてご説明をいただき、第２章ではダブルケアの26事例について、ダブルケアの経験者・当事者や、専門職、研究者がそれぞれの立場でコメントをしています。それを受けて、第３章では事例から考えられるダブルケアラーのニーズや支援について整理するとともに、高齢者介護、妊娠・出産、子育て、子どもへの影響、就労、当事者支援をテーマに、支援に必要なポイントやつなぐべき社会資源について解説しています。

本書で大切にしたことの１つは、ダブルケアラー自身の語りに基づいた事例とそれに対する多種多様な専門職、ダブルケアラー・ダブルケア経験者の知見をとりあげ、そこから、どのようなサポートが必要なのかを考えていくことです。ダブルケアラーのニーズは本当に多種多様で、１つの制度や１つの支援で完結できるものではありません。それだけに、改めて１つひとつの事例から謙虚に学び、かかわった人たちが知恵を出し合っていくことが必要だと思います。もう１つは、ダブルケアラーだけでなく、ケアの対象となる子どもや高齢者の視点を大事にすることです。誰かが犠牲になるのではなく、みんなが幸せになれる方策を考える必要があると思います。

最後に、本書は「ダブルケア」という言葉によってつながった多くの皆様のご賛同とご協力によって制作されました。事例をご提供いただいた皆様、コメントや解説をいただいた専門職・研究者の皆さま、本当にありがとうございました。また、中央法規出版の寺田真理子さんには、本書の企画から制作まで本当にお世話になりました。そして、夜遅くまでのミーティングで大事な家族のお時間をいただいた室津さんはじめ編著者のご家族の皆さま、本当にありがとうございました。

本書が、ダブルケアラーの生きづらさの軽減、そして、地域共生社会の実現の一助となれば幸いです。

2023年２月　渡邉浩文

もくじ

Chapter 1

ダブルケアとは

Chapter 1-1

「ダブルケア」とは？

01 » ウィズコロナ時代におけるダブルケア

コロナ禍のなかで、子育てや介護といったケアの負担が家族に集中し、仕事にも大きな影響が出ています。ケアが家族頼みになる社会構造を問い直し、社会全体でケア負担を分かち合うことの大切さを考えずにはいられません。

コロナ禍での介護現場調査からは、病院や施設への面会制限によって、利用者が家族と会えず孤立し、要介護度が上がる実態が浮き彫りになっています。また、コロナ禍での保育所利用世帯調査をみると、保育園の自粛要請や休園によりケアが家庭に丸投げされ、性別役割分業が家庭内で色濃く表れています。失業で保育園を退園せざるを得なくなった非正規労働者やシングル世帯の生活困難も深刻です。加えて、障害をもつ子どものいる家庭も、障害の特性によっては感染対策や衛生管理が難しかったり、デイサービスの利用自粛に伴って介護負担が増えたり、通所施設への送迎が中止されて送り迎えの家族負担が増えたりと、家族丸抱えの状況がうかがえます。

そもそも、子育てしながら介護をしたり、仕事をしながら子育ても介護もこなすことを、1人でできるでしょうか。子どもを1人育てるにも愛情・エネルギー・時間・お金がかかります。年老いた親や親族を介護するにも同様です。それを、子育てと介護と「ダブル」で行い、仕事・子育て・介護のバランスをとることは、かなりのエネルギー・時間・愛情・お金が必要です。

02 » ダブルケアの定義

ダブルケアとは、このように育児と介護の同時進行を意味します（狭義のダブルケア）。しかし実際は、トリプル（3つ）以上のケアが重なっていたり、家族や親族や親しい関係の人を複数ケアしたりするなど、多重ケアや複合ケアという意味でダブルケアと呼ぶことも多くあります（広義のダブルケア）[1]。

このように、狭義だけではなく、広義のダブルケアは、「複合的ケア」「多重ケア」として、家族や親族等、親密な関係における複数のケア関係、またそれに関連した複合的課題をとらえる概念です。狭義のダブルケアでは把握できない多くの実態があり、本書の事例でも、広義のダブルケアも含んだ多様な実態があることが示されます。

学術的にダブルケアとは、複数のケアが重なることで、その負担(burden)、ニーズ(need)、その背景にある責任(responsibility)がどう折り重なるかに焦点を当てている概念です。

筆者らによるダブルケア調査上は、育児は乳幼児期から大学まで幅広い「子育て」を研究対象にしてきました。問題は「介護」の定義です。市民生活における「介護」責任の果たし方は多様化しています。「日常生活における入浴・着替え・トイレ・移動・食事の手助け」（就業構造基本調査の介護定義）という身体的ケア責任だけが、国民生活の「介護」ではない現状があります。介護保険制度が生み出した「介護

1　ダブルケア調査研究は山下順子氏（英国ブリストル大学）との共同研究です。
本稿はこれまでの拙稿をもとに要点を整理しています。

サービスのマネジメント」責任を、多くの娘・息子が担っている実態があります。また、中距離・遠距離に住む娘や息子は、日常生活のケア責任が果たせないかもしれませんが、経済的な面からケア責任を果たしたり、電話で愚痴を聞いて精神的支えというケア責任を担っている現状もあります。よって、政府統計のような狭い介護定義ではなく、私たちは介護の意味をもっと幅広くとらえて、ダブルケア責任のあり方や負担、ニーズを考えていく必要があると考えます。

整理しますと、ダブルケアとは、

- 子育てと介護、もしくは、家族や親族など親密な人へのケアが同時並行する
- 複数のケアにかかわるマネジメントや決断、精神的・物理的・経済的なサポート、異なるニーズが重なって、それを同時に満たす必要が生じる
- ケア責任や負担が、特定の人に、理不尽なまでに、集中してしまう

ことを問う概念だといえます。

03» 異なる要求に同時に応えるということ

ダブルケアのコアな部分は、異なる要求に同時に応える（応えなければならないがそれができない）ところにあります。ここで経済学者ヒメルヴァイト（Himmelweit）の議論を参考に考えてみましょう。ヒメルヴァイトは、ケア労働には2つの局面があると論じています[2]。

2 Himmelweit, S. (1999) 'Caring Labour, '*The Annals of the American Academy of Political and Social Science*, 561(1) : 27-38.

1つは、世話をすること（Caring for）、もう1つは気にかけること（Caring about）です。つまり、「ケア労働」とは食事や排泄、入浴や着替えといった、物理的な世話を指すだけでなく、相手の存在を気にかけたり、相手の様子に配慮したりすることも含まれます。実際には世話をするわけではなくても、危険がないか気を配ったり、話し相手になったり（あやしたり）、そばにいて時間を過ごすことも、ケア労働に含まれます。

ケア労働をこのようにとらえると、ダブルケアの複雑さがより浮き彫りになってきます。つまり、ダブルケアとは、おむつを替えながら、その横で食事をとる親に気を配ったり、泣く子どもをあやしながら、もの忘れをした親の話に寄り添うといったことです。これは、同居している人に限った話ではなく、親の生活を支えるために頻繁に実家に戻ったり、遠距離から電話をかけて安否を確かめたり、生活必需品を買って送ったり、ケアマネジャーなどの福祉専門職と連絡をとったりしながら子育てをしているといった方々も、すべてダブルケアラーと考えることができます。

ダブルケアラーは、日々、子育てと介護のどちらを優先させるかという決断に迫られています。泣く子どもをあやすのか、不安になっている親の話に耳を傾けるのか。どちらに食事を先に出すのか。お風呂の順番はどうするか。検診か、通院か。「散歩」に出てしまった親を探しに行くのか、家で子どもと待っているのか。週末を子どもと過ごすのか、親のところに行って掃除や食料の買い出しを手伝うのか。ダブルケアをする人の多くが、どちらかを優先しながら、選ばなかった一方に対して「十分に世話をできなかった」と悔やむ気持ちをもっていることは、筆者らのインタビュー調査でも多く明らかになってきました。

04» ダブルケア概念を支援に活かすには

この「ダブルケア」という概念を支援現場で厳密にとらえすぎると、「このケースはダブルケアなのかどうか」といった本末転倒なことになりかねません。大切なことは、この概念を知ることで、ケアの重なりによる、負担、ニーズ、責任の複合化に注目して、親（母親・父親）として、子ども（娘・息子）として、働く立場（労働者）として、市民として、当事者の多面的な役割を理解しながら、寄り添って支援していくことです。

私たちは、長い人生のなかで、いろいろなケアが重なって生きています。私たちのケアのバランスは、いつも均衡点にあるとは限りません。なんとか踏みとどまりながら生活していたり、崩れる寸前であったり……。その前の予兆を支援現場では察知して、その方1人ひとりの「均衡点」を一緒に探っていくことが、ダブルケア支援であり、皆さんが日々現場で尽力されていることだと思います。そして、そのダブルケア均衡やバランスが崩れたときは、どういう資源があるのか、専門分野を超えて、多職種が連携しながら一緒に伴走していくことこそが、ダブルケア支援の核となるのではないでしょうか。

このダブルケア均衡やバランスが崩れるリスクを最小限にする、予防するということも大事なのかもしれませんが、より重要なことは、このバランスが崩れてしまっても、身近に頼れる人がいて、頼れる場所があるんだ、と当事者が思えることだと考えます。

Chapter 1-2

ダブルケアを社会構造から考える

そもそもダブルケアとは、どのような構造的背景のもとで生み出されているのでしょうか。そして、何が問題なのでしょうか。

ダブルケアは今に始まったことではありません。家族や親族関係には複数のケア関係があり、男性稼ぎ主型家族のなかで、特に女性が(嫁が)、ダブルケアに対応してきました。しかし、今は男女ともに仕事をしながら子育てや介護にかかわるのが当たり前の時代です。男性稼ぎ主型家族を想定したダブルケアの終焉と、ダブルケアの現代性を考えていきたいと思います。

01 » ダブルケアの構造的背景

ダブルケアは現代社会が生んだ課題です。第一に、晩産化・高齢化が同時に進行し、子育てと介護が重なる可能性が高まっています。親世代の生活習慣病の増加や若年認知症で「ダブルケア人口」の増大が予測されます。ダブルケアのために2人目の子どもをあきらめるという人もおり、ダブルケアが少子化のリスクにもなっています。第二に、雇用や社会保障の悪化により、子育てや介護が長期化し、ケア責任がなかなか軽減されない社会状況があります。第三に、きょうだいが少なくなり、介護責任を分かち合う人も減りました。また、地域関係も希薄化し、ダブルケア責任や負担が家族に集中しやすい要因となっています。こうしたきょうだい数の減少や地域によっては近所づきあいの減少など、ダブルケアラーを支える家族、親族および私的なネットワークが変容しています。

02 » ケアをめぐる交渉

さらに、「誰が介護を担うべきか」という役割意識の変化もダブルケアにかかわる方への精神的負担につながります。なぜなら、他の家族員ではなく、なぜ自分が子育ても介護もしているのかという気持ちが生じるからです。1990年代までは「介護は嫁の役割」という意識が世間に強くありました。嫁が介護をして当然とされ、嫁である女性（特に長男の嫁）も義親の介護を自分の役割として受け入れ、介護をすることが多くありました。実際、1997年の調査で「寝たきり高齢者の主たる介護者」は、嫁が一番多く、4割弱を占めます（平成10年度厚生白書）。ところが、20年後の2017年には、主たる介護者は、多い順から配偶者、子（娘、息子）、事業者（訪問ヘルパーや施設職員）、そして最後に嫁となっています（平成30年度厚生労働白書）。

03 » 育児と介護の優先順位を理解する

このように、世帯構造の変化（独身世帯や高齢者世帯の増加と、三世代同居の減少）や介護保険制度の導入によって、誰が介護をするかが自明ではなくなり、介護をめぐって「誰がどのようにかかわるべきか」、家族のメンバー間で交渉をしなくてはならなくなりました。その結果、「姉がいるのになぜ自分が介護するのか」「同居している兄がせず、なぜ自分が遠距離で介護しているのか」など、ダブルケアラーは葛藤を抱えることになります。

日本は「子どもが小さいうちは特に母親が」「介護は家族がすべき」といった、子育てや介護についての社会通念がまだ根強い社会です。そして、ダブルケアラー本人や家族それぞれが、子育てや介護に対して「誰が・どのようにするべき・あるべき」という考え（規範）をもちながら生活しています。「本当はもっと子どもにかかわりたいのにできない」「本当は介護をもっと分担してほしいのに、私がメインでやらざるを得ない」「本当はもっと仕事をしたいのにできない」など、関係者間で優先順位や方向性がずれている場合は特に葛藤が高まり、精神面・家族関係が壊れるリスクをはらみます。家庭内のケア価値観や方向性が似ていれば葛藤は少ないですが、異なっていて、さらにお互いの理解が不足していると葛藤が大きくなります。ダブルケア支援においては、この当事者の優先順位をまずしっかり理解して寄り添いながら支援することが大切です。

04 » 男性稼ぎ主型の福祉制度とダブルケア

この子育てと介護をめぐる優先順位は、制度によっても影響を受けます。日本の福祉制度は、男性稼ぎ主型の家族主義を念頭において設計されました。そこで前提とされている家族のかたちは、外で働き、収入を得る人（たいていは男性）と、家庭で家事、子育て、介護といったケアを無償で提供する人（たいていは女性）の両方がいる家族です。

この家族では、家庭を守る人（たいていは女性）が家族に子育て、介護を提供するのは「当たり前」で、何らかの事情（経済的困難など）によって、家族がそれをできないと判断された場合だけ、行政が「代わりに」サービスを提供するという考えが基本にあります。

この考え方の欠点は、外で稼いでくる人と、家庭でケアをする人が同一人物であることを想定していないことです。また、家庭でケアに専念できる人がいない場合も想定していません。したがって、働きに出ることと、家庭でケアをすることを両立させようとすると、困難が生じるのです。

しかしながら、現在ダブルケアを取り巻く状況は、以前とは違う点もあります。ダブルケアはきわめて現代的な問題なのです。ダブルケアラーの困難の根っこにある社会構造の変化を理解しながら支援する必要があります。

05 » ダブルケアの何が問題か?

ダブルケアの構造的背景をふまえて、さらに、ダブルケアの何が問題なのかを考えます。まず、子育て・介護・障害・生活困窮など縦割りの制度がダブルケア世帯にとっては非効率です。

戦後、日本の社会福祉制度は、高齢者、障害者、児童と、対象別に発達してきました。それぞれの制度は、私たちの生活にとって欠かせないものですが、ダブルケアラーにとっては、高齢者福祉の窓口と児童福祉の窓口がそれぞれ分かれているのは非常に不便です。

複合的な課題に対し、制度が柔軟かつ迅速に対応できておらず、限られた時間のなかで、ダブルケアラーは行政の窓口でたらい回しにされ疲れてしまい、体力も消耗します。

この縦割り行政をもっと包括的で柔軟な制度設計にしていく必要があります。いま必要とされているのは、子育てと介護を同時にサポートするようなサービスであり、それを提供できる制度だといえます。

次に、ダブルケアにより自分らしい人生が送れない、社会関係から孤立してしまう実態があります。ダブルケアで自分の人生が自分のものでなくなってしまわないよう、そして、介護が育児をなぎ倒して子どもが後回しにならないよう、子ども視点で社会設計を見直す必要があります。

さらに、ダブルケアによる労働からの排除も深刻です。育児離職や介護離職といわれますが、よくよく調べてみると、「ダブルケア離職」ともいうべき実態があります。仕事はダブルケアの逃げ場になりますし、ダブルケアを行うにも経済的な基盤なくしてケアできません。ダブルケアがあるため働けない、ダブルケアが生活困窮や貧困の原因になっている、そうした実態を把握し、ダブルケア視点で生活困窮対策を考える必要があります。

06 » ダブルケアの実態

筆者らはソニー生命と連携して「無作為」に回答者を選んだ調査を行ってきました。育児は大学生までで、介護は幅広い行為を含めました。2018年調査[3]では、全回答者(17,049名)に自身のダブルケアの状況について聞いたところ、ダブルケアを経験したことがある人は29.1%でした(そのうち、現在ダブルケアに直面している人は16.3%〈現在直面中+現在と過去に直面〉)。

また、上記のダブルケア経験率に「数年先にダブルケアに直面する」(7.5%)を加えた、「ダブルケアが自分事の問題」という人の割合は36.6%と、約37%になりました。性別で見ると、ダブルケアの経験率は、男女とも年齢が上がるにつれ高くなり、50代男性では33.1%、50代女性では41.1%でした(図1)。

私たちが研究を始める2012年以前は、「ダブルケア」という言葉が使われていなかったことを考えると、言葉の認知度もだいぶ上がってきました。一方で、ダブルケア未経験者でこの言葉を知っている人は、まだ1割未満で、認知度のギャップがあることがわかります。

ジェンダー別にみると、認知度では男性が14.5%、女性が21%と

3　調査結果は、ソニー生命ホームページ参照(https://www.sonylife.co.jp/company/news/30/nr_180718.html)。

ギャップがあります。ただ男性でも30代では17.6%と高くなっていることは注目すべきです(図2)。より若い世代でケアをめぐる意識が高まっているのかもしれません。さらに若い層の特徴を1つ挙げますと、ダブルケアについて、育児と介護どちらが先に始まったかを尋ねたところ、30代では「介護先行型ダブルケアラー」の人が19.6%にのぼりました(図3)。

「ワークライフバランス」が政策上の重要課題にもなってきましたが、ダブルケアラーたちは「ダブルケアと仕事」という、より厳しいワー

図1 ダブルケアの状況

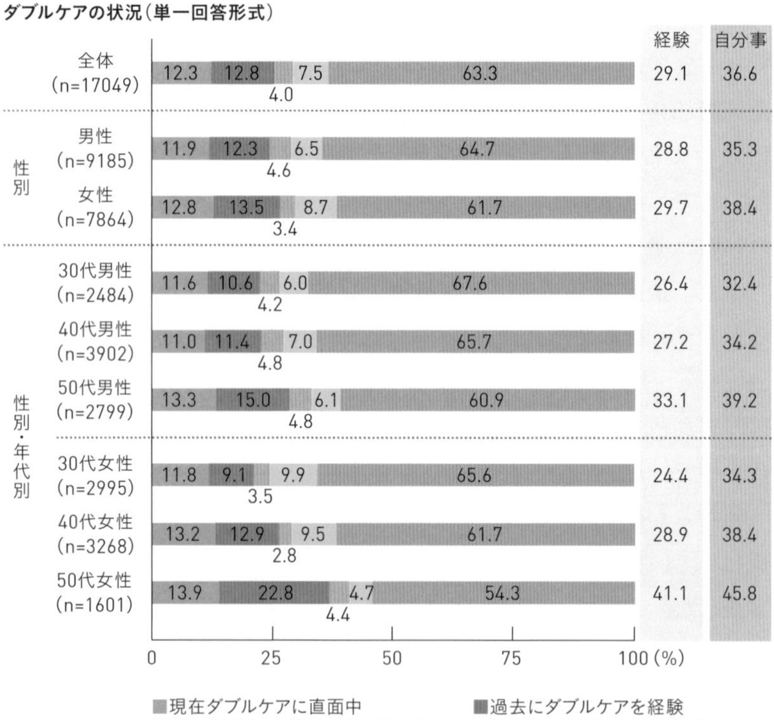

出典：第8ステージダブルケア実態調査―ソニー生命連携調査―（2018年）

クライフバランスに挑んでいます。ソニー生命と連携して実施した、ダブルケアに関する調査（2017年）でも、育児や介護を理由に仕事を辞めたことがあるかを尋ねたところ、ダブルケア経験者の男性の約25%、女性の約38%が、育児や介護を理由に仕事を辞めていることがわかりました。育児離職や介護離職のなかにも、ダブルケア離職とでもいうべき実態があり、ダブルケアしながら働く層の実態をより詳しく把握する必要があります。

図2 ダブルケアの認知度

『ダブルケア』という言葉を聞いたことがあるか（単一回答形式）

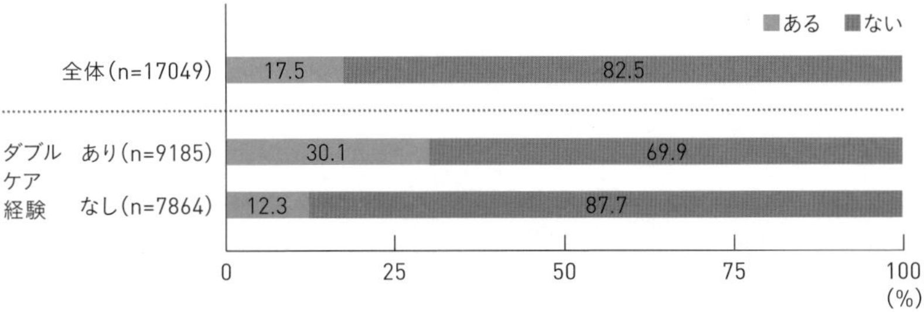

『ダブルケア』という言葉を聞いたことがある人の割合

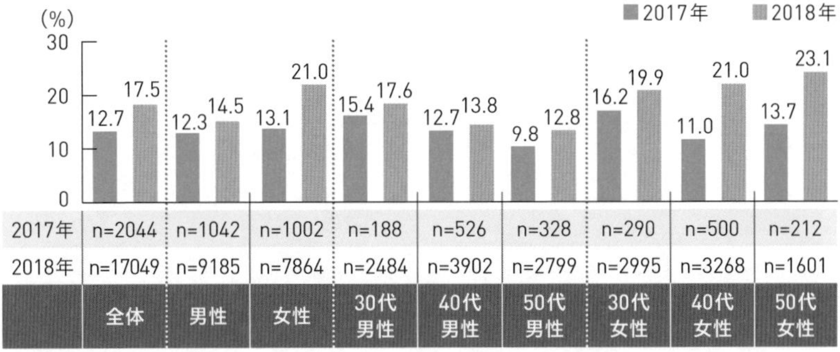

出典：第8ステージダブルケア実態調査―ソニー生命連携調査―（2018年）

図3 育児と介護どちらが先に始まったか

ダブルケアについて、育児と介護どちらが先に始まったか（単一回答形式）

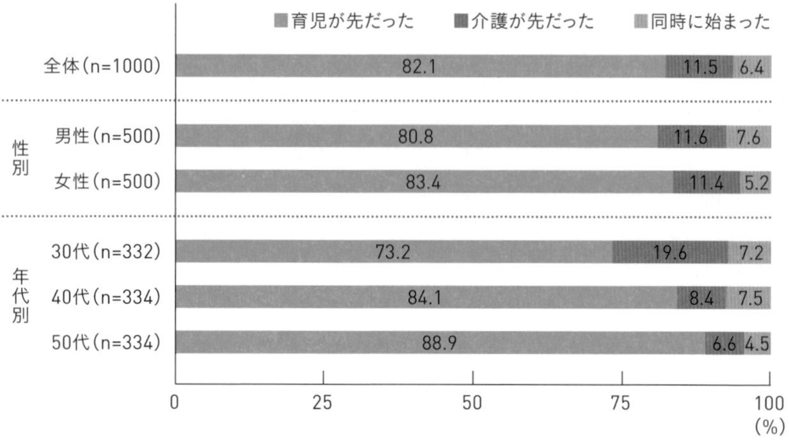

出典：第8ステージダブルケア実態調査―ソニー生命連携調査―（2018年）

Chapter 1-3

ダブルケアの政策化

01 » 政府がダブルケアをどう問題化したか？

さて、政府がダブルケアの実態把握に乗り出したのは2015年度でした。2016年4月に内閣府は「育児と介護のダブルケアの実態に関する調査」を行い、2016年版厚生労働白書で初めてダブルケアが取り上げられました。厚生労働省の「共生社会」という枠組みのもとで、地域包括支援センターのマニュアルにもダブルケアの視点が明記され、ダブルケア視点が福祉現場に少しずつ浸透していくことが期待されてきました。横浜市など各自治体や一般社団法人ダブルケアサポート、各地域でのダブルケア当事者から広がるさまざまなダブルケア支援が広がっています[4]。

ここで、ダブルケアが政策課題とされたときのことをもう少し振り返っておきたいと思います。実際に政府が実態把握に乗り出した2015年度は、安倍政権の女性活躍推進の政策言説のなかで、就業継続とダブルケアという課題設定がなされました。そして2016年4月に内閣府は上記の「育児と介護のダブルケアの実態に関する調査」の結果を公

4　ダブルケア事例や各地の支援実態の詳細は、相馬直子・山下順子『ひとりでやらない　育児・介護のダブルケア』ポプラ社、2020年を参照。

表し、就業行動基本調査と国民生活基礎調査の再分析から、ダブルケア当事者が25万人いるという推計結果を公表しました。政府によるダブルケア実態調査は大変意義がありましたが、狭い介護の定義に基づく調査という意味で限界がありました。つまり、主導的に身体的な介護をしながら子育てをするという、コアなダブルケア当事者が25万人（推計）というのが内実でした。

しかし、皆さんご存知のとおり、その周縁には、仕事・子育て・介護（遠距離・経済的支援含む）と多様化したダブルケア実態があり、それを勘案すると（狭い介護の定義ではなく、より実態に即した介護の定義で調査を行っていれば）、推計結果も違ってきたと思います。政府調査とは異なり、市民実態に即したケア定義を採用し、ケア実態をより正確にとらえようとする自治体があったことも事実です。もし、皆さんの現場でダブルケアの実態把握をする際は、育児や介護の定義に留意してください。

02 » 自治体によるダブルケア支援事例

さて、ダブルケア支援には、子育て支援と介護支援、そして医療・看護など、それぞれの分野の政策、制度をしっかりと継続、拡充していくことが求められます。ダブルケアラーの視点からみれば、子育て支援は高齢者支援にもつながり、高齢者支援は子育て支援にもつながります。その参考例として大阪府堺市と京都府の事例が挙げられます[5]。

①大阪府堺市の事例

堺市のダブルケア総合相談窓口に寄せられた相談件数は367件（2019

5　他に、特養や保育所の入所要件見直し、ハンドブック作成、実態調査等の事例もあります（前掲書、相馬・山下　2020）。

年）にのぼります。ダブルケア調査でも、子育てと介護と両方まとめて相談できる行政窓口を希望する人は全体の約9割（第6ステージ調査）であり、とても高いニーズです。堺市はこうしたニーズにいち早く対応した自治体です。ダブルケア支援のさらなる課題は何か。担当の方は次の点を挙げています。

「第1に、ダブルケア相談窓口の機能強化として、子育て部局等の関係機関との連携も含めて、支援体制をいっそう強化すること。そのために、職員の対応力向上に向けた研修を今後も継続的に実施していく。
第2に、ダブルケアの啓発と、ダブルケア相談窓口の存在をより一層周知し、ダブルケアラーが困ったときは1人で抱え込まないで、気軽に相談できる窓口を目指すことである。
第3に、ダブルケアを理由とする離職を防止するため、企業との連携を図っていくこと。ハローワーク等と連携し、窓口でのチラシの配架、企業が説明会に訪れる機会にチラシの配布や制度の啓発を実施していく。
その他、当事者同士が同じ立場で語り合い、共感しながら問題解決の糸口を見つけることが必要となってくる。支援の場として、当事者が介護と子育ての両方のことを話すことができる居場所づくりや参加への呼びかけ等、子育て支援機関と連携して取り組みを進めていく」

堺市の取り組みに対しては全国からの問い合わせや取材も多く、自治体のダブルケア支援の枠組みや方向性を考えるうえでも、まず参考にすべき自治体であることがわかります。

②京都府の事例

京都府では、知事がダブルケア支援を公約にしたこともあり、2018年度からダブルケアのピアサポーター養成講座や子育て支援・介護支援の現場スタッフへのダブルケア研修が本格的に始まりました。子育て支援と介護支援の現場スタッフが、異分野の制度や問題を深く知ることは、複数のケア単位で状況や問題を把握し、地域のさまざまなサービスにつなぐうえで、とても大切なことです。

今後のダブルケア支援の課題について、京都府こども・青少年総合対策室と高齢者支援課は次の点を指摘しています。

「ダブルケアの知識をもつ人材を育成し、行政の相談窓口をさらに強化するだけでなく、今後は、同じ目線で悩みを共有し相談できるピアサポーターの活躍の場を広げ、ダブルケアラーを支える輪を広げることが必要」

このように、子育て・高齢者支援の担当者のダブルケア対応力向上と、ピアサポーター養成の両軸から、地域にダブルケア視点を浸透させていく地道な取り組みが重ねられています。その背景には、子育て支援と高齢者支援担当課の柔軟な連携や調整力があります。

Chapter 1-4

ケアの世代間連鎖の視点

01 » ヤングケアラーの問題と支援

ダブルケア問題と並行して、ヤングケアラーの問題も指摘され、近年大きな動きがみられます。2020年3月31日、埼玉県ではケアラーやヤングケアラーの支援に対する全国初の条例として、「ケアラー支援条例」を制定しました。2021年4月には、厚生労働省と文部科学省が「ヤングケアラー」の実態調査結果を公表し、公立中学2年生の5・7%（約17人に1人）、公立の全日制高校2年生の4・1%（約24人に1人）が「世話をしている家族がいる」と回答しています。

2021年5月17日には、「ヤングケアラーの支援に向けた福祉・介護・医療・教育の連携プロジェクトチーム報告」が公表され、ヤングケアラーは、表面化しにくい構造にあり、福祉機関の専門職等から「介護力」とみなされ、サービスの利用調整が行われるケースもあることや、ヤングケアラーの社会的認知度が低いといった問題が指摘されています。そして、「早期発見・把握」「支援策の推進」「社会的認知度の向上」の三本柱の対策が進められようとしています。

ヤングケアラー研究の第一人者である澁谷智子氏によれば、ヤングケアラーは、「家族にケアを要する人がいる場合に、大人が担うようなケア責任を引き受け、家事や家族の世話、介護、感情面のサポートなどを行っている、18歳未満の子ども」と定義されます[6]。日本では、2000年頃から研究者の間で少しずつ知られていたようですが、日本でこの概念が広まったのは、当事者、支援現場、一般社団法人日本ケアラー連盟、研究者の連帯があるといえます。この点ではダブルケアの社会問題化・政策化と似ています。

ヤングケアラーとは、「介護者」と「子ども」という、二重で可視化されにくい存在です。ケアを担う側と子ども側の視点から、教育・福祉の連携にとどまらず、ケア負担や責任が、子どものような弱い立場に集中しないよう、包括的な家族支援の必要性を提起しています。同様に、ダブルケアラーは、「育児しながら介護」「介護しながら育児」といった、複数のケアが重なっていることが不可視化されている実態を社会に問いました。対象は違いますが、ケアをめぐる不可視化の問題や、ケアをめぐる世代間連鎖の面を社会に問うたという意味で、両者は共通しています。

02 » ヤングケアラーとダブルケアラーを包括的にとらえる

では、ヤングケアラーとダブルケアは、別々の問題なのでしょうか。たとえば、澁谷（1998）の4章に登場するBさんは、16歳から20歳まで祖母を在宅介護したヤングケアラーです。両親は共働きで、「母は一番頑張っていた」といいます。ダブルケアラーの母親と、ヤングケアラーの娘（Bさん）がメインケアラーです。子どもの視点からみれば「ヤングケアラー」ですが、親の視点からみれば「ダブルケアラー」の世帯です。体験談を読むと、ヤングケアラーのBさんも、ダブルケアラ

6　澁谷智子『ヤングケアラー：介護を担う子ども・若者の現実』中公新書、2018年。
澁谷智子他『ヤングケアラー わたしの語り：子どもや若者が経験した家族のケア・介護』生活書院、2020年。

ーの母親も、ともに孤立しています。母親と娘がケアラーとして多くの負担や責任を負っていることが、この事例には描かれています。ヤングケアラーとダブルケアラーは、ケアの世代間連鎖ー複合的ケア世帯——のなかに位置づけて一緒に考える必要があるといえます。

ヤングケアラーも各種調査をみると、誰をケアしているのかによって調査範囲や力点が違います。幼い子どもの世話を定義から外した埼玉県の実態調査もあれば、親の世話・きょうだいの世話・親の通訳など幅広く調査した厚生労働省の調査は、約8割が幼いきょうだいの世話（中学生調査）です 。ヤングケアラーの実態調査においても、多様なケアの実態に即した定義が模索されています。この点も、ダブルケアの実態把握で問題となったことと類似しています。

ダブルケアラーとヤングケアラーを比較すると、ヤングケアラーのほうが対象として明確であることから、子どもを対象として、厚生労働省と文部科学省とが連携して政策を打ち出しやすいのでしょう。ダブルケアラーの支援を先進的に実施してきた自治体は、領域横断的な連携や調整力をもとに、ヤングケアラー支援も展開し得るのではないでしょうか。逆に、ヤングケアラー支援を展開する自治体は、ダブルケアの視点を入れることで、新しい家族ケア支援の体制をつくることができるのではないかと思います。

Chapter 1-5

ダブルケアの未来

01 » ケアラー視点での社会設計の見直しに向けて

こうしてダブルケアとヤングケアの問題は、ケアをケアラーの視点からとらえ直し、社会全体の問題として考えることを私たちに問いかけています。

ダブルケアという言葉が広がることで、ダブルケアの状況がより広く知られ、そのことが制度を変えて、ひいては社会を変えていく、ケアを中心とした社会に変えていくことにつながると考えます。言葉ができることで、当事者や支援者、そして制度や社会が変わっていくきっかけをつくることができます。

まずは、ダブルケアをしている人（ダブルケアラー）が、「自分の状況はダブルケアである」と自己認識することがダブルケア視点のある社会をつくる第一歩となります。ダブルケアラーの声なしには、ダブルケアの社会的認知も広がりません。

ダブルケアラーはただでさえ忙しく、声をあげる暇も、心の余裕もないまま日常を過ごしているかもしれません。そのような場合、重要になってくるのがダブルケアラーの身近な人たちの存在です。一番身近なのはダブルケアラーを支援する人たちです。

ヤングケアラーの世帯も、視点を変えればダブルケア世帯です。ダブルケアが負担ではない、人間らしい働き方・生き方が可能な社会を未来世代へ残すためにも、ケアが豊かな社会へ向けて、ケアラー視点での社会設計の見直しが必要です。

02 » 今後のダブルケア問題

そしてこのダブルケア問題がさらに進行すると、どんな未来が待っているのでしょうか。まず考えられるのは、「2025年ダブルケア問題」です。現在70代にさしかかる、いわゆる第一次ベビーブーマー（団塊世代）は、1947年〜1949年（昭和22〜24年）生まれの世代で、約270万人ずついます。この世代の介護を担うのが、第二次ベビーブーマー（団塊ジュニア世代）です。団塊ジュニア世代が第1子を出産したときの母親の平均年齢は30歳前後であること、またこの世代で35歳以上の出産が増加したことを考えると、2025年に50代前半となる団塊ジュニア世代は、10代の子育てをしながら、団塊世代の親の介護を担う可能性があります。これが「2025年ダブルケア問題」です。

さらにその後は、「2040年〜2050年ダブルケア問題」が控えています。団塊ジュニア世代は、1971年〜1974年（昭和46〜49年）生まれで、約210万人ずつとなります。結局、第三次ベビーブームは起こらず、出生率は 1.5前後のままでした。団塊ジュニア世代が高齢期にさしかかるのが2040年頃だとすると、きょうだい数がより少ない「未来世代」が、仕事や育児をしながら介護を担うことになります。これが「2040年〜2050年ダブルケア問題」です。

今後、より多くの人が直面するであろうダブルケアですが、私たちは、そして社会は、この問題にどう対応するべきなのでしょうか。この問いに答えるヒントは、この章で考えてきたように、現在ダブルケアに直面する人が何を負担に感じているのか、その負担を構造的にしっかり理解することでみえてきます。構造的に理解するとは、それぞれのダブルケアラーの負担を、個々の問題としてとらえるのではなく、負担を感じさせている社会的要因を把握することです。ダブルケアの問題を個人の問題だけに帰せず、社会構造や社会設計の問題としてとらえたうえで、制度のはざまにあるダブルケアラーの声なき声のニーズを代弁することも、支援者の重要な役割です。

03 » 家族ケアの新たな問題に対応するために

日本において晩産化や高齢化が大きく変わることは考えにくく、今後はダブルケアが当たり前の世の中になっていくことでしょう。ダブルケア研究は、日本をこえて、韓国や中国でも注目されています。すでにダブルケアは東アジアの社会的リスクととらえられています。

このような時代を生きていくうえでは、社会設計にも「ダブルケア視点」を入れていくことが不可欠となります。ダブルケア視点のある社会をつくるために必要なこととして、❶ダブルケアの認知を社会的に広げること、❷家族のなかに存在する複合的なケアの状況を理解すること、❸ダブルケアをしながら働ける環境づくり、❹ダブルケア時代の家族を対象とした制度づくり、だと考えます。

当事者を中心に、全国でダブルケア支援の輪が広がっており、NPOや支援団体もかかわり、ダブルケアを支援する、いわば「地域ケア社会圏」が全国各地で形成されてきました。当事者の声なき声を発信し、制度のはざまにある新しいニーズを問うボトムアップの動きは、この地域ケア社会圏が、制度改革に大事な役割をもっていることを示しています。

また、介護や子育て支援の制度化によって、「地域ケア経済圏」とでもいうべき経済圏が地域につくられてきました。しかし、それはややもすれば安上がりな低賃金ワークとして制度化されてきました。ウィズコロナの時代において、改めてケアワークの社会経済的価値を上げることの重要性が高まっている今こそ、地域のケア社会圏や経済圏を豊かにし、「ケアに満ちた地域社会（Caring Local Society）」、ひいては、「ケアに満ちた民主主義（Caring Democracy）」[7]について深く考える必要性をダブルケア当事者は社会に突きつけています。こうした当事者の声に敏感な社会をつくるうえで、支援現場の最前線にいる方々は、大きな役割を担っています。

04 » 磁石としてのダブルケア

ダブルケアラーやその支援者は、人と人をつなぐ「磁石」のような存在です。ダブルケアラーは、ダブルケアにかかわる家族、親族、友人、地域の人々、さまざまな主体を引き寄せ、ネットワークを構築する核となります。また、ダブルケア支援者も磁石となり、自分の担当領域の対応をしつつ、専門領域以外の部分では別の支援者につなぐことで、他分野の支援者の連携を可能にします。ともすれば、専門家にとってやりやすい支援、行政が進めやすい政策が「ニーズ」として定義され、施策化されがちですが、ダブルケア支援とは、そうしたこれまでの方法そのものの再考を迫るものです。

当事者の状況定義をなによりも重要視すること。個人の問題としてではなく、社会全体に開かれた公共的な問題だと認知すること。当事者たちに近い支援者たちがつながること。この3点が大切です。

私たち自身が「磁石」であり、社会を変えていく「変革主体」であるということを忘れずに、この問題を本書で考えていきましょう。

7 民主主義は、「人々がより人間らしく、よりケアに満ちた生活を送ろうとするのを支援するためのシステム」（ジョアン・C･トロント（岡野八代訳）『ケアするのは誰か？』白澤社、2018年）です。他にTronto（2013）*Caring Democracy*, New York University Press。

Chapter 2

ダブルケアの実際

はじめに

第2章では、ダブルケア当事者のヒアリングに基づいた事例を紹介します。ヒアリングを行った者もダブルケア当事者や経験者です。ダブルケアは十人十色。1つとして同じものはありません。けれど似たような環境でダブルケアを経験してきた者同士だからこそ話せることもありました。

各事例には、ダブルケアにかかわる可能性のある専門職にコメントをもらいました。それぞれの視点から、支援のポイントとアプローチ方法が示されています。多職種のコメントを掲載することで支援方法の幅が広がります。

また、ダブルケア当事者・経験者が、自分の経験を重ね合わせながら、支援者である専門職に伝えたいことを「ダブルケア経験者の視点」として執筆しています。支援者としては当たり前のことも、ダブルケアのただ中にいる当事者は気づかなかったり、思いつかないこともあります。そうした当事者の気持ちや状況を補うコメントになります。

すべての事例には、読者が当事者の状況を想像し考えやすいように関係性を表す図を載せました。あえてケアをする人とケアを受ける人の関係性のみを示しています。事例として情報が少ない部分もありますが、読み手の経験や知識から想像して、支援の方法や他職種との連携法などを考えていただければ幸いです。

ダブルケアは磁石であるといわれています。1つの制度や支援策では当事者を助けることが難しい場合が多く、縦割りの制度の狭間を埋めることで救われる場合もあります。自分とは違う職種の視点を知ることで、さまざまな立場の支援者が磁石に引き付けられ、連携するきっかけになることを願っています。

なお、ここに掲載した事例は、プライバシー保護のため個人が特定されないよう加工してあります。

case 01

専門職とうまく関係が築けず制度やサービスを十分に利用できなかったAさん

事例概要

- Aさん・30歳・女性（専業主婦）長女の妊娠中から義父の精神疾患のサポートが始まる。義父が認知症と診断されてからも、介護保険サービスを利用することに強い拒否があったことから、ケアマネジャーと関係がうまく築けず、公的サービスを十分に利用できなかった。
- 主にかかわった専門職：ケアマネジャー
- キーワード：うつ病、認知症
- 制度・つなぎ先：認定保育園

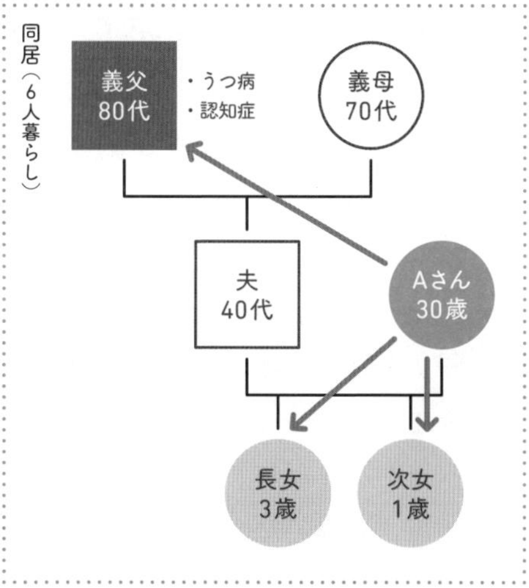

【エピソード】

●ダブルケアの始まり

Aさんは結婚と同時に夫の両親と同居を始めました。長女の妊娠中に義父がうつ病と診断され、精神的なサポートを行っていました。数年後、Aさんが次女を出産した頃に、義父は認知症と診断され、本格的な介護が始まったのです。しかし、義父は介護保険サービスへの拒否感が強く、ケアマネジャーも非協力的で、介護と育児を1人で抱え込むことになりました。

●一番大変だったとき

ある年の冬、子ども2人がインフルエンザにかかってしまったときのことです。義父が屋内で転倒し、痛み止めの注射を打つために病院の送迎をしなければならなくなりました。しかし、子どもの看病をしているうちにAさんも発熱してしまい、車の運転が難しくなりました。そこで、義父のケアマネジャーに「(このピンチのときだけ) 訪問介護を利用したい」と相談しましたが、Aさんが同居で働いていないという理由で利用はかないませんでした。

しかし、Aさんはこれは表向きの理由で、実際は義父が日頃から介護保険サービスへの拒否感が強かったため、利用させてくれなかったのではないかと疑っています。ケアマネジャーは「おじいちゃんが嫌がるからホームヘルパーの利用は難しいのではないでしょうか。お子さんのほうをどこかに預けたらどうでしょうか」と発言し、Aさんは義父や子どもを荷物のように扱われていると感じ、不信感を抱くようになりました。結局、義父の送迎にはタクシーを使ってしのぎましたが、経済的な負担が大きくのしかかりました。

その後、介護のために子どもたちを認可保育園に預けることにしました。そこでも、急に義父の体調が悪くなり、土曜日の保育利用が必要になっても、事前の申し込みがないという理由で断られることが多く、介護と子育ての両立で苦労が続きました。

●義父を看取ってから

2人の子どもは、義父が亡くなってからはすっかり甘えっ子になりました。義父の介護中はそれだけ我慢させてしまっていたんだと思い、今は存分に甘えさせるようにしているそうです。

支援の視点とポイント

ケアマネジャーの視点

ケアマネジャーとしてまず向き合う必要があるのは、義父の「介護保険サービスへの拒否が強い」という点です。どのような事由で拒否しているのか、義父がよく口にする言葉などからAさんと一緒に考えたり、夫や義母に協力を仰ぎ、介護保険サービスの利用を促してもらったりすることもできたと思います。

支援先としては、包括支援センターや行政の子育て支援等の相談先の提示や情報共有等の支援も有用です。また、義父の主治医にも状況を相談しながら治療につなげることも必要だったのかもしれません。

骨折や体調の急変が起こった事態を日頃から想定し、専門職、当事者、支援者で対応を検討しておくことで、突発的な状況に対応できるようにしておくことが求められます。高齢者や子どもだけでなく、介護者が体調を崩すことも想定して、そのときに慌てないように備えておくことが大切であり、家族の生活維持につながります。

渦中にいるダブルケアラーはどうしても気持ちに余裕がなく、視野も狭くなってしまうので1人で抱え込んでしまうことが多くあります。ケアマネジャーは、介護者を労りながら丁寧に話を聞き、一緒に考えていくことで、解決の糸口を探っていきましょう。会話を重ねるなかで、介護保険サービスのみではなく、インフォーマルな協力者の存在が出てくることもあります。介護保険サービスにつなぐことを第一優先で支援するのではなく、協力者を探し、協力者につなぐことも大事な支援です。

保育園園長の視点

認可保育園の利用のタイミングが気になりました。その利用を勧めたケアマネジャーと利用を受け入れた認可保育園双方に「今後想定される介護の変化（重度化）」への意識が足りなかったように思います。ケアマネジャーは義父の介護サービス利用の拒否が強かったことから支援自体を最小限に収めようとしていたようですが、Aさんが認可保育園の利用を検討する際に、今後の義父の体調や病状を含めた変化の可能性などをAさんと認可保育園に伝えておくことができれば、土日にも利用できる保育施設を検索することなども検討できたと思います。認可保育園側からも今後の介護の状況を詳しく尋ねるなど、想定の利用方法で不足がないかを確認する必要がありました。

ただしケアマネジャー側には保育園の知識が、保育園側には介護の知識が乏しいのが現状です。サービス担当者会議では通常保育施設の職員を呼ぶことはないと思いますが、お互いの情報や性質を共有する連携の機会を用意できればよかったと思います。今のうちに改めて「もし介護が重度化したら」という状況を支援職は想定し、実際そうなったときにAさんたちの生活も破綻しないようにする提案を事前にできればよいと思います。

ダブルケア経験者の視点

日々の生活のなかで子育てや介護のバランスをギリギリのところで取っていたAさんでしたが、2人の子どもがインフルエンザにかかり、義父の通院も重なったことで生活が一気に逼迫してしまいました。おそらくAさんは、ケアマネジャーに相談した時点で、極限まで頑張ったけれども、立ち行かなくなったと想像します。ダブルケアラーが周囲にサポートを求めている状況は、その時点で子育てと介護のバランスを保てず、ダブルケアラー自身の心身の健康状態にも影響が出ている可能性があります。

ダブルケアラーは本来、子育てや介護など複数のケアの環境を調整する力をもっている人が多くいます。しかし、突発的に子どもと高齢者が倒れてしまうと、日頃なんとか保っていた生活のバランスが崩れてしまいます。そのような状況では、ケアマネジャーにどのようにすれば負担を減らすことができるか状況の整理を手伝ってもらい、どのようなサービスが使えるのかを示してもらえると助かります。仮に具体的な解決策が示されなくても、一緒に考えてくれる姿勢を感じるだけでダブルケアラーの安心感につながり、改めて子育てや介護に向き合っていこうと思える原動力になるでしょう。

case 02

義父母と実父母、4人の介護と2人の子育てを1人で担い、体調を崩したBさん

事例概要

- Bさん・40代・女性（専業主婦）
  義父母と実父母、4人の介護をするために、子ども2人（小学生）を連れてUターン。6人のケアを1人で担い体調を崩す。介護負担から子育てに向き合うことができず長男が不登校になった。
- 主にかかわった専門職：
  ケアマネジャー、スクールカウンセラー
- キーワード：不登校
- 制度・つなぎ先：デイサービス

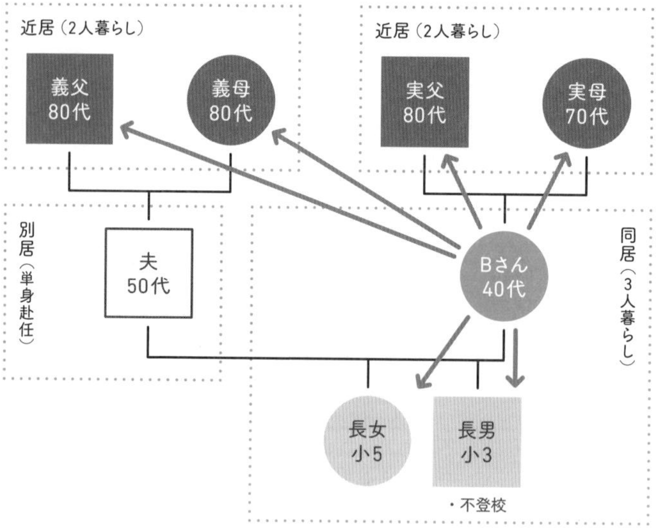

【エピソード】

●ダブルケアの始まり

Bさんは夫の両親と自分の両親4人の介護のため、関東から東北に子連れUターンしました。Bさんには小学生の子どもが2人いるため、合計6人のケアを同時に行うことになったのです。この間、夫は単身赴任で関東に残ることになり、Bさんが1人で介護や子育てを背負う生活が始まりました。

●一番大変だったとき

介護と子育ての同時進行はBさんの心身に大きな影響を及ぼし、間もなく体調を崩してしまいました。手術のために入院治療が必要でしたが、Bさんの代わりがいないので、夫が帰省する年末年始まで手術入院を半年遅らせることになりました。

多重に介護の役割を担うことで、子どもたちの世話に専念できないという不安感と危機感がありましたが、ママ友には状況が理解されず、つらい思いをしました。子どもが通う学校の担任にも、家庭状況を書面で提出しましたが、反応が薄く、ここでも理解されない現実につらさを募らせました。

その後、小学3年生の長男が学校に行きたがらなくなりました。当時、Bさんは多忙を極め疲れ果て、子どもの話を十分に聞く時間がもてず、イライラして怒鳴ってしまったり、冷たい態度をとってしまったりすることがありました。こうしたことで、長男の不登校につながったのかもしれないと悔やみました。

長男が学校に行きたがらない朝と近所に住む実母のデイサービスの送り出しが重なったときは、まるで綱渡りのような状況でした。息子を登校させたい、一方では実家に行き母をデイサービスの送迎車に乗せなければならない。Bさんは学校とデイサービスに連絡を取り、ときにはBさんの車で実母を送迎したこともありました。長男が学校に行けなかった日には、母のデイサービスをあきらめる日もありました。

●専門職のかかわり

ケアマネジャーも悩みを聞いてくれましたが、Bさんの相談相手として心の整理を一緒に行ってくれたのは、小学校のスクールカウンセラーでした。スクールカウンセラー自身も介護経験があり、Bさんの大変な状況を理解し共感してくれました。スクールカウンセラーからは、まずは疲れきっているBさん自身が1人になる時間をつくって休むこと、長男に対しては転校による環境の変化やBさんが忙しすぎることで心が疲れている可能性があるため、Bさんと一緒にゆっくり過ごして心のエネルギーが充電するのを待ちましょうとのアドバイスを得ました。理解者を得ることでBさんは心が楽になり、長男の不登校も、徐々になくなっていきました。

支援の視点とポイント

スクールソーシャルワーカーの視点

介護が必要になり介護保険の申請をする際、主介護者を決めキーパーソンとして位置づけます。それは、介護の責任を意識する瞬間でもあります。Bさんの場合は、見知らぬ土地で4人の主介護者となり、育児もこなすなかで、息子さんが学校に行き渋るようになりました。

子どもは、保護者に気にかけてもらうことで自分への愛情を確認します。しかしながら、母親が介護を頑張り、多忙であることを理解している息子さんは、新しい環境に適応しようとしながらも、不安や我慢している気持ちをどんなふうに表現したらいいのかわからなくなってしまった、子どもにとって危機的状況だったと思います。そして、Bさんの心が疲弊し、共感してくれるカウンセラーに出会い、適切な助言をもらったことで、やっと立ち止まることができたと思います。
介護保険制度は、家族が介護することを主軸にし、被介護者にとって必要なサービスを利用することができます。一方で、家族が介護を頑張れないときの負担軽減策は、現状では充実しておらず、利用方法や回数も家族の希望に応じられるものとはいえません。育児への影響を鑑みると、家族のニーズがサービスに反映され、家族が家族らしく機能する時間を確保することは非常に重要だといえます。
被介護者の希望に寄り添いながらも、介護者や家族の時間も大切にできる、介護者目線の優しい制度も充実していくことを期待しています。

デイサービス管理者の**視点**

デイサービスの送迎車に実母を乗せるため、Bさんに負担が生じていることがわかります。デイサービスの送迎は、利用者の提供時間（デイサービスの開始・終了時刻）に合わせて行います。1回の送迎で数名の家を回るため、各訪問先の到着予定時刻の目安を決めて伺っております。ご利用日によって、利用者が異なるため、時間に変更が生じたり、交通事情により定刻に伺えなかったりすることもあります。
そこで、私どものデイサービスでは、送迎到着時間のズレによる利用者・家族の不安を解消するため、希望者には当日の朝、事前連絡を行うようにしております。利用者によっては、乗降に時間を要する方もおりますので、その時間も加味した送迎スケジュールの調整を事前に行っております。
介護保険サービスには、デイサービスの送迎の準備を支援してくれる訪問介護サービスもあります。併用を検討してもよいでしょう。ただし、介護保険の支給限度額もあるのでケアマネジャーと相談が必要です。また、必ずしも希望どおりにいかないかもしれませんが、デイサービスに送迎時刻の相談をしたり、送り出しに行けない日にはデイサービス職員に施錠確認などを依頼し、送迎を任せたりすることも検討できると思います。

ダブルケア経験者の**視点**

子どもが学校に行きたがらない朝に、近所に住む実母のデイサービスの送迎の送り出しが重なる状況……本当に両方から腕を引っ張られて、張り裂けてしまいそうな気持ちになったことと思います。両方いっぺんに重なってしまうとどうにもならない……というBさんの心の揺れ動き・行き場のない感情はダブルケアを経験した人ならば誰もが感じたことがあるのではないかと思います。

ダブルケアのような複合的なケア課題を抱えていると、「自分の状況を支援者（相談窓口）に説明すること」に疲れてしまうことがあります。必死に自分の状況を話したのに、相手から思うような反応を得られないとき、徒労感だけが残り、それ以上相談することを諦めてしまう人もいるかもしれません。それでも私は、「きっとどこかにわかってくれる人がいる」と思って自分の状況を説明することは大切だと考えています。なぜなら、Bさんのように、思いがけないところで理解者に巡り合えることもあるからです。Bさんは介護経験のあるスクールカウンセラーという理解者を得て、心が楽になりました。

ダブルケアラーさんには、ぜひ諦めないで、自分の状況を周囲（各種相談窓口等）に話してほしいと思います。また、最近ではダブルケア版の「相談シート」「チェックシート」が載っているガイドブック等もあります。ネットで検索できますので、それに記入してから相談に行くとよいでしょう。

case 03

強い責任感と義務感から1人ですべてを背負い、精神的に追い詰められたCさん

事例概要

- Cさん・37歳・女性（専業主婦）家族は夫（会社員）と子ども2人。父親（60代）が寝たきりになったことをきっかけに実家に戻りダブルケアが始まったが、1人で抱え込んでしまい精神的に追い詰められてしまった。
- 主にかかわった専門職：ケアマネジャー
- 制度・つなぎ先：病院、幼稚園
- キーワード：頸椎損傷、寝たきり、認知症、精神的負担、孤立、専業主婦

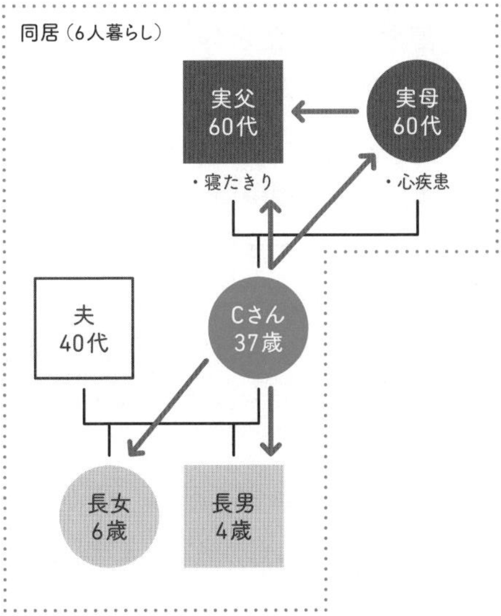

【エピソード】

●ダブルケアの始まり

父親が雪道で転倒して頸椎を損傷し、寝たきりの状態になったことから、Cさんのダブルケアは、突然始まりました。当時、Cさんは夫と幼稚園に通う2人の子どもと他県で暮らしていましたが、父親を施

設に入れたくないという思いから夫に転勤願いを出してもらい、一家で実家に戻って両親と同居して在宅介護をすることにしました。

最初は母親が主介護者でした。父親はトイレに行くことにこだわりをもっていて、3時間おきに昼も夜も関係なく母親を呼びつけてトイレに行っていました。そんな疲れがたたったのか、1年後に母親は持病の心疾患が悪化して倒れてしまいました。専業主婦だったCさんは2人の子どもの育児と両親の介護を1人で担うことになり、誰かをケアすることが生活のすべてになりました。こうしたダブルケアが15年も続きました。

●一番大変だったとき

母親が倒れて入院したとき、在宅で父親を看ることが難しくなり、ケアマネジャーに頼んで父親も一時的に入院することにしました。近くに住む妹が父親の面会に行き、Cさんは母親の入院先に毎日朝晩2回通いました。入院中に母親は作話をするようになり、認知症が疑われました。その後、食事療法の指導を受けて退院となりました。

退院後の食事に関しては、塩分やカロリーに気をつけて調理したものを母親に提供しましたが、食べてくれないことが多々ありました。そうしたなかで、Cさんと母親の関係はすれ違っていきます。母親は、ケアマネジャーやホームヘルパーにCさんのことを否定的に伝えるようになり、ついにCさんは、母親に対してイライラをぶつけたくないという思いから、口をきかないようになってしまいました。

次第にCさんは孤立感を感じるようになり、疲労から体調を崩して食事が喉を通らなくなり、立っているのもつらい状態になってしまいました。10キロも体重が落ちたことに自分では気づかず、周りが見えていませんでした。心身ともに最悪の状態だったこの時期が、一番つらかったそうです。

Cさんは母親を在宅で介護するつもりでしたが、様子をみかねたケアマネジャーが、母親を長期入院できる病院に入院させることを提案しました。どうしようか悩んでいると、母親自身がケアマネジャーに入院することを要望しました。このときCさんは、母親と話し合える関係ではなく母親の意向を認めるしかありませんでした。

入院先にも頻繁に通っていましたが、同室者に「もっと母親の様子をみに来ないとだめだよ」と言われたことが精神的な負担となり、病室の前から中に入ることができなくなるほど追い詰められました。次に母親に会えたのは危篤を告げられたときでした。

●同じ思いを他の人がしないように

この間に、父親も長期入院になっていました。在宅に戻る選択肢もありましたが、父親自身がCさんを気づかい帰宅を拒みました。しかし、その後の生活については本音で話すことができ、その時間に癒されたと言います。「誰も助けてくれなかった。私がやらなければ他の人は誰もやってくれないという感じだった」。強い責任感と義務感でダブルケアを経験したCさんは、制度を使ってはいましたが基本的にはすべて自分が担う覚悟でダブルケアと向き合ってきました。今でも「あのとき、母親が転院せずに在宅介護をしていれば、もっといろいろな話ができたのではないか」「ケアマネジャーにも自分の気持ちを伝えられていたら……」と考えてしまうことがあると言います。Cさんは、誰もがつらいと声をあげられる社会になれば、自分のような思いをする人が少なくなるのではないかとの思いから、今ではダブルケアの経験を伝える活動をしています。

支援の視点とポイント

ケアマネジャーの視点

このケースでは、2人のお子さんの育児をしながら、両親の介護をしています。母親と父親が同時期に入院したときに、妹と協力してケアにあたったことはよかったと思います。

しかし、母親の入院先に1日に2回通い世話をしたにもかかわらず、退院後は食事療法指導に基づいた料理を用意しても食べてもらえなかったとあります。両親の介護をしながら子育てもしているので、食事1つとっても、子どもたち用の食事と親用の食事では内容が異なるので、通常以上に手間がかかったことでしょう。そこまでしているのに、母親の口から周囲にCさんを否定するようなことを言われては、心身共に追い詰められてしまうことは想像に難くありません。

ケアマネジャーは、おそらく母親の話を都度聞き取っていたでしょうし、娘であるCさんの介護状況も把握していたと思います。しかし、Cさんの気持ち（どんな思いで母親の介護をしているのか、この先どうしていきたいのかなど）の聞き取りが不足していたのではないでしょうか。Cさん自身、「ケアマネジャーに自分の気持ちを伝えられていたら……」とありますが、自ら率先して話をすることは難しいものです。相談援助の専門職であるケアマネジャー側から聞き取る配慮があれば、このケースのようにダブルケアラーの心を置き去りにした形での母親の長期入院には至らなかったのではないかと思われます。

メディカルソーシャルワーカーの視点

介護が突然始まることは珍しくはありません。また、育児は成長という視点で多少は先を見通すことができますが、介護は終わりが見えないことも多く、だからこそ長期的な視点をもち、細く長く継続できるプランを立てることが大切になります。

「頸椎損傷」という病名から考えると、病院を退院する際に、地域側のケアマネジャーだけでなく、病院側の退院支援を行うソーシャルワーカーや看護師も支援していたと思われるので、どのようにかかわっていたのかが気になります。振り返りのなかでまったく登場してこないことが残念です。

排泄に関するこだわりはおそらく入院生活においても見受けられ、今後の介護に大きく影響することが想定されていたのではないかと思います。15年前は、今よりももっと「育児も介護も家族が担うもの」という考え方が強く、そのことがCさんに「すべて自分が担わなければならない」とより強く思わせてしまったのだろうと思います。必死に頑張る介護者に、ときに支援者の声は届きにくく、支援者がいるにもかかわらず介護者に孤立感を覚えさせてしまうことがあります。そのようなときは、介護サービスに限らず、ソーシャルワーカーが当事者同士の場につないだりしながら、家族という近すぎてしまう関係を少しでも広げる視点が支援者には必要です。

Cさんが家族そろって実家に戻ってまで介護に携わろうとした姿勢から、Cさんの責任感の強さが汲み取れます。ところが、真っすぐすぎると少しの衝撃でも心が折れてしまうことがあるので、しなるような柔軟性を介護者がもてるよう、支援者は「みかねる状態」になる前にかかわることが重要です。

ダブルケア経験者の**視点**

実の親を介護するダブルケアは非常に難しいことが多いものです。特に母親と娘は感情的になりやすく、言わなくてもいいことまで言ってしまったりする傾向があります。

Cさんの介護生活は父親の入院で始まりましたが、その後、母親の介護も始まりました。2人の介護をCさんが1人で担うことになり、体力も気力も奪われていきました。Cさんは責任感の強さから、誰かに愚痴を言うこともできませんでした。Cさんの疲弊している様子に気づいたケアマネジャーが、母親の入院をすすめた際にもっとコミュニケーションが取れていれば、この後の関係も変わっていたかもしれません。直接、専門職と話せる機会があるとしても当事者はどこまで要望を言ってよいかわかりません。専門職がなるべくわかりやすい例などを用いて話してくれると、当事者が疑問や希望などを話しやすくなると思います。

case 04

子育て・介護・仕事の両立……。話す場を求めダブルケアカフェを始めたDさん

事例概要

- Dさん・40代・女性（自営業）
  家族は夫（自営業）と子ども2人。第1子出産後ダブルケアが始まり、その後第2子を出産。敷地内に義父母宅（後に同居）があり、近所に実家がある。
- 主にかかわった専門職：ケアマネジャー
- キーワード：認知症、認知症カフェ、ダブルケアカフェ
- 制度・つなぎ先：病院、デイサービス、認知症カフェ、ダブルケアカフェ、保育園

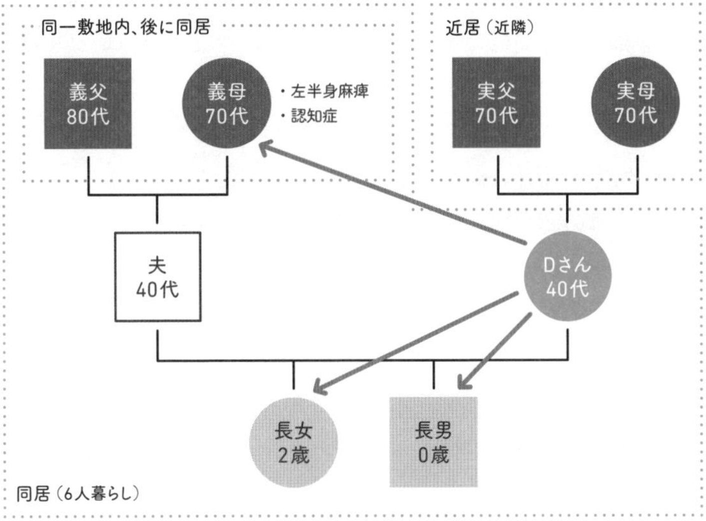

【エピソード】…………………………………………………………

●ダブルケアの始まり

Dさんは幼なじみと結婚し、夫の実家の敷地内に新居を構え暮らし始めました。義母は脳梗塞の後遺症で左半身に麻痺があり要介護1でしたが、デイサービスを週に4回利用しながら、義父と2人で暮らしていました。

Dさんが第1子を出産して間もない頃、義母の認知症に気がつきました。きっかけは、朝起きられない、ご飯が作れない、1日中寝ていることが増えたということでした。最初はうつ病を疑いましたが、やがて日付や時間の感覚がわからなくなりました。同時期に義父の入院が重なったこともあり、義母と同居することにして、本格的に育児と介護をすることになりました。

●一番大変だったとき

Dさんが大変だと感じたのは時間のやりくりです。「義父が入院してからは、毎日が綱渡りでした。義母がデイサービスから帰ってくる時間に合わせて、夫婦のどちらかは自宅で待たなければいけません。急な仕事が入ったとき、子どものお迎えは私の実家に頼めても、義母のお迎えは頼めませんから……」夫婦でお互いの仕事をやりくりしましたが、何度か間に合わなかったこともあったそうです。

また、義母の認知症の症状に気づいたとき、夫や義父に相談しても2人とも取り合わず、受診につなげることに苦労したそうです。特に義父は拒否反応が強かったため、まずは夫を説得することにしました。日中の様子や気になる点を伝え、必要な場合は本などの資料を使って説明しました。徐々に理解を示した夫と2人で義父を説得し、半ば強引に義母を病院に連れて行き、アルツハイマー型認知症と診断を受けました。

●息抜きできる場所づくり

その後、Dさんは介護の話ができる場所を探し、近くの施設で行われていた認知症カフェに参加するようになりました。子どもを連れて行くと高齢者の方は喜んで遊び相手をしてくれました。スタッフが義母の話し相手をしてくれる時間が束の間の息抜きになり、ゆっくりと座ってコーヒーを飲むことが本当に久しぶりだったと気づきました。ダブルケアをしていると、こうした時間がとても大切だと感じ、同じ境遇の人たちとダブルケアの話をしながらお茶を飲める場が欲しいと専門職と協力してダブルケアカフェを始めました。今でも定期的にダブルケアカフェを開催し、積極的にダブルケア啓発の活動もしています。

支援の視点とポイント

認知症カフェ主催者の視点

Dさんのダブルケアが始まった頃と、市が認知症カフェを始めたのは同じ頃だったかと思います。「認知症の人も家族も地域の人も誰もが来られる居場所をつくりたい」という私たちの思いと、居場所を求めていたDさんの思いが一致し、Dさんはカフェに通ってくれるようになりました。子どもを連れてきてくれるので、他の参加者はとても喜んでくれ、こちらとしてもDさんの参加はありがたかったです。

しかし、恥ずかしながら当時はダブルケアラーという言葉を知らず、「認知症高齢者の介護者」という認識でした。Dさんとのかかわりを通じてダブルケアラーについて教えていただいたのが実情です。Dさんは自ら調べ、自身がダブルケアラーであることに気づき、今では啓発活動など精力的に活動されていますが、当時の支援者側に知識があれば一番つらかった時期にもっと力になれたのではないかという思いがあります。具体的には、Dさんから相談を受けたときに義母の介護に関する助言にとどまらず、子育ても含めた大変さを伺い、子育て支援の情報提供や担当者へのつなぎ、担当者間の情報共有などの必要性を確認することができていればよかったと思います。

Dさんとの出会いから、介護と育児の課題を切り分けずに捉え、ダブルケアラーとして抱えている思いを支援者として受け止める大切さを教えていただいたケースでした。

地域包括支援センター長の**視点**

地域共生社会の実現に向けて地域包括支援センターでは、高齢者本人だけでなく、ダブルケアラー本人の人生への支援も求められるようになってきました。本ケースの場合、子育て、介護、就労(共働き)という3つの課題を抱えた世帯という視点に立つことが大切になります。

地域包括支援センターの相談場面ではダブルケアに関する相談はあまり珍しくなくなっていると思いますが、相談者が就労に関する悩みを口にすることは案外少ないのではないでしょうか。しかしながら、本ケースのように就労継続が困難になってしまうリスクが潜在化していることは珍しくありません。ダブルケアラーの離職という事態になれば、高齢者や子どもを含む世帯全体が大きな影響を受け、生活困窮や虐待など、より複合的な課題を生む原因にもなりかねません。

個別的な支援場面ではインテーク面接の際にダブルケアラーの就労状況をしっかりと確認すること。そして、ケースを居宅介護支援事業所等に引き継ぐ際には、初期段階で把握したその他の課題に加えて申し送りをすることが大切です。

メゾ、マクロ的なアプローチとしては、包括的継続的ケアマネジメント支援事業などにおいて、地域の医療、福祉、介護関係者や地域住民によるダブルケアの課題やダブルケアラーの就労継続の課題についての理解を深めるための事業を実施することが考えられます。ダブルケアの課題を取り扱う事業は、中学校区程度のエリアが対象の場合、人が集まりにくい可能性もあるため、複数の地域包括支援センターで共催するほうがよい場合もあります。

ダブルケア経験者の**視点**

Dさんのダブルケアはご自身で乗り切ったという実感が非常に強い事例だと思います。デイサービスなどを使いながら同じ敷地内に住む義母の介護をしていましたが、時間のやりくりが大変だったことがうかがえます。

平日の午前9時前後の町の様子を思い描いてみてください。子どもの幼稚園や保育園への送迎とデイサービスの送り出しとお迎えは時間帯が重なり、その車両を見かけることが多いと思います。まさに毎日が綱渡りといった状態でこなしている当事者がいるのです。

デイサービスの送迎は、ルート変更などで時間の調整ができる場合があることを知らないことから、何とか頑張ろうとする当事者がほとんどです。自分から時間を調整してほしいと言えないので、支援者から提案があると非常に助かると思います。

Dさんは勉強家でダブルケア講演会への参加をきっかけに、自分がダブルケア当事者であると気づき、仲間が欲しいとダブルケアカフェを始めます。自ら認知症カフェなどにも参加し、話せる場を探していました。Dさんのように活動的な人でも、同じ境遇の人と話せる場を必要としています。思いついたときにいつでもダブルケアの話ができる、そんな場所が地域にあれば、救われる当事者がいると思います。

case 05

ワンマンな義父に振り回されながら、若年性認知症の義母と発達障害の長男の育児を担うEさん

事例概要

- Eさん・30代・女性（専業主婦）認知症のある義母の介護と発達障害のある長男を含む2人の子育ても担う。「家のことは嫁がやるもの」というワンマンな義父に振り回されたダブルケア。
- 主にかかわった専門職：ケアマネジャー
- 制度・つなぎ先：療育センター、保健センター、地域包括支援センター、短期入所生活介護（ショートステイ）、幼稚園
- キーワード：若年性認知症、発達障害、SNS

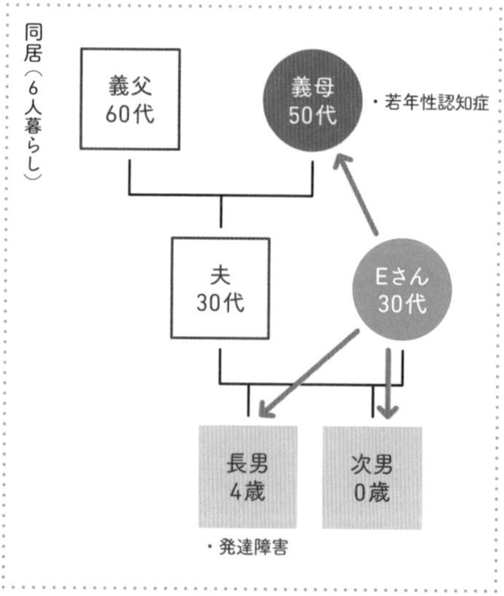

【エピソード】

●ダブルケアの始まり

Eさんは30代の専業主婦です。結婚と同時に義父母と同居しました。義父は昔からワンマンで、誰の言うことも聞かないタイプで、家事は

嫁がやるのが当たり前という考え方でした。同居した当初から義母はもの忘れがひどく、同じ物を大量に買い込んで来たり、たんすの引き出しの開け閉めをずっと繰り返したりする行動がありましたが、まだ50代で自分のことはできていたので、認知症とは考えず病院には行きませんでした。

ですが、長男を出産する前に、義母の症状が心配になり家族で脳神経外科に連れていくと、脳梗塞が5、6か所見つかりました。その際、医師より認知症の検査と要介護認定の申請をすすめられましたが、義父が認めなかったためできませんでした。何も手続きをしないまま、出産と同時に義母の世話をするダブルケアの日々が始まりました。

●一番大変だったとき

義母の言動は次第におかしくなっていきましたが、義父は介護サービスの利用に拒否的で、Eさんは誰にも相談できずにいました。また、義父は子育てにも、いろいろ干渉してくるようになりました。そんな義父に対して家族の誰も何も言えませんでした。

4年が経過し、Eさんは次男を出産。義母の症状は進み、Eさんは2人の子どもと義母の世話でいっぱいいっぱいになっていました。見かねた夫が義父をなんとか説得して、ようやく要介護認定の申請をしました。義母の介護度は要介護4でした。

一方で、長男は4歳のとき発達障害との診断を受けました。Eさんは子育てに集中したくても、義母の介護が中心になり、子どもに我慢させてばかりいることにつらさを感じていました。療育センターに通うようになってから、子どものことは相談できましたが、介護のことになると話ができる人がいませんでした。そんななか、長男の相談をしていた保健センターの保健師が介護の大変さに共感してくれたのは救いでした。

義母は介護保険サービスを利用できるようになりましたが、義父も義母も利用に拒否的で、デイサービスを何回か利用しただけで継続的な利用には結びつきませんでした。さらに、義父からは家事全般をするようにとの圧力を受け続けました。特に大変だったのは、子どものトイレトレーニングと義母のトイレの介助が重なったときです。義父から子どもにも義母にもおむつを使わないように言われ、子どもには布パンツ、義母は生理用ナプキンで対応しました。義母は頻尿で何回もトイレに行きたがり、付き添わないと別の場所で排泄したり、汚したりします。子どものトイレトレーニングと交互に義母をトイレに連れて行き、1日がトイレの世話で終わりました。トイレの心配から、外出時も子どもと義母を連れていかなければなりませんでした。

この大変な時期を乗り切れたのは、仕事から帰ってきた夫が協力して助けてくれたからです。叔母が義母を連れ出してくれたり、保健センターや地域包括支援センターのスタッフが話を聞いてくれたりしたことにも支えられました。SNS（Twitter）でダブルケアをしている人を探して、愚痴をつぶやいたり、相談したりできたことや大変さに共感してくれる人がいたことにも助けられました。

●義父の虐待の末に

義母の食事介助は義父が行いました。義母がうまく食べ物を噛めず時間がかかったり、飲み込めずにいたりすると、義父は気が立って暴力を振るうようになりました。あざだらけになっている義母をみて、ケアマネジャーが施設を手配しましたが、義父は断り、地域包括支援センターの担当者が説明に来ても追い返してしまいました。

何度も時間をかけてケアマネジャーと夫が義父を説得し、義母は施設に入ることになりました。現在、義母は施設で落ち着いて生活しています。毎週、義父はお見舞いに訪れています。

支援の視点とポイント

地域包括支援センター長の視点

Eさんはワンマンな義父への対応と義母の介護、そして子育てに挟まれ、壮絶な日々を送ってきました。この状況はEさんがEさん自身の人生を生きることの権利が侵害されているととらえることができます。当初は要介護認定すら受けることも許されず、ようやく要介護4と認定されても、サービスにはつながりませんでした。サービスの利用がなければ通常はケアマネジャーによる支援は期待できません。この場合、ケアマネジャーが地域包括支援センターに速やかに報告を行い、「介護のことになると話ができる人がいなかった」というEさん自身への相談支援を含めての対応が求められます。

本事例では適切なサービスを利用できなかったうえ、おむつも使えず生理用ナプキンで対応するなどの不適切なケアを行わざる得なかったこと、食事介助の際に義父が身体的虐待を行い、義母に対する権利侵害があったことも明白です。老人福祉法による措置入所も含めた対応も検討されるべきでしょう。

一方で本事例は、若年性認知症の妻を介護する夫の事例ととらえることもできます。本人の一番近くにいる夫が妻の状況を受け入れられなかったことに加え、「妻が認知症になった」という事実を受け入れざるを得なくなった後でさえ、現状への否認が介護中の暴力となって現れていたと考えることもできます。また、家父長制の名残のなかで生きてきたとしたら、実は義父もずいぶんと生きづらさを抱えてきたのかもしれません。

支援者としては、家族を物語にたとえて、家族成員1人ひとりを主語にしたストーリーを描いてみることが、権利擁護につながります。

保健師の視点

義父が義母の認知症を容易に受け入れられないということは、決して珍しいことではありません。しかし、主たる介護者であったEさんにとっては、想像を絶するほどとても大変な日々であったことでしょう。

現在、妊娠届出書提出時には保健師や助産師などの看護職による面接が行われています。Eさんの場合は、そこで妊娠中からどの程度ご自身と子どものことを優先することができるのか、夫や親類などからどの程度サポートを得られるのか、現在困っていること、助けが必要なことは何か、適時把握をする必要があったと考えます。

なぜ適時なのか。それは介護の程度や負担が変化しやすいためです。対面での面接ではなくとも、電話や乳幼児健康診査などの機会を利用し、保健師などの支援者とEさんご自身で現在置かれている状況について整理し、今後どのように対応していくのか、いわば「作戦会議」ができているとよかったのではないかと思います。

また、Eさんの場合、「出産」「育児」「介護」の3つが同時進行しており、その時々によって主たる支援者は異なりますが、「同じ話を何度もしなければならない」、「担当者によって言っていることが異なりサービス開始までに時間を要す」といった負担を強いることがないよう、Eさんの承諾を得たうえで、関係部署間で情報を共有し、関係者会議を設けるなどして包括的に支援を行っていくことが必要です。

ダブルケア経験者の**視点**

これはメインケアラーのEさんの意思が反映されず、思うように介護サービスを利用できなかったダブルケアのケースです。

身近な親族が要介護者の介護状態を認められず、介護サービスを受けられないことがあります。特に認知症のケースは、認めたくないという気持ちが強く出るようです。義父が義母の認知症を認められず、介護サービスを利用できないなかでEさんはケアを担っていました。サービスを受けられずにケアしていくことは大変です。体力的にも精神的にも、Eさんの負担は大変大きく、特に意思が反映されないことはつらかったと思います。

Eさんは周りに助けを求めて何とかサービスを利用できるようになっていきますが、専門職が家庭内にどこまで介入できるのか、難しいところだと思いました。義父に変わってもらうことは難しいでしょう。私がEさんの立場であれば、変わらない義父と上手く生活していくためにできる支援策を専門職に考えてほしかったと思います。

認知症や介護サービスを利用することへの抵抗感をなくすために、社会への啓発や偏見をもつ家族や周囲の人への専門職の積極的なかかわりも必要だと思います。介護は家族がチームになって行うものです。「嫁だからやるのが当たり前」という考え方の前で、どのように協力体制をつくっていくかが、これからの課題だと思いました。

case 06

未就学児を子育て中に第2子を妊娠、同時期に実父のターミナルケアと実母の介護も行ったFさん

事例概要

- Fさん・30代・女性（元看護師でデイサービス正職員）
  夫30代、長女3歳、長男を妊娠中に父と母のがんがみつかりダブルケアが始まる。主介護者として医療や介護を調整し、看取りまで行う。
- 主にかかわった専門職：主治医、訪問看護師、ケアマネジャー、保育園の責任者、子育て支援のNPO法人
- キーワード：妊娠、終末期ケア、両親介護
- 制度・つなぎ先：在宅のターミナルケア、一時保育、企業主導型保育園

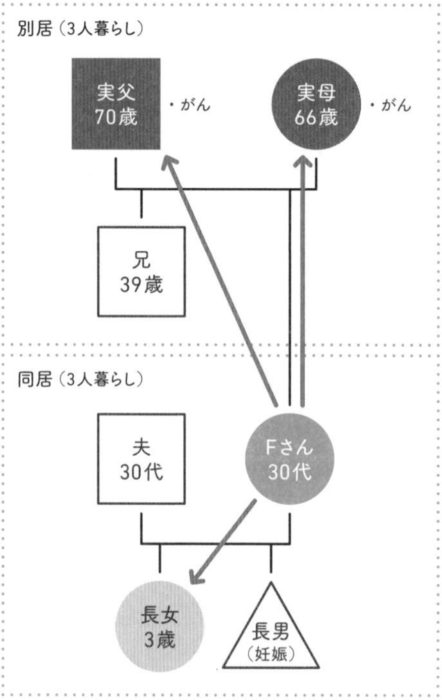

【エピソード】

●ダブルケアの始まり

Fさんのダブルケアが始まったのは、第2子を妊娠した頃です。3年前から消化器系の病気で入退院をしていた父親が、末期がん（膵臓がんと肺がん）であることがわかり、身体的な介護が必要になりました。それまで、父親のサポートは同居する兄と母親がしていましたが、同時期に母親にも大腸がんが見つかり、入院・手術をすることになったのです。Fさんは看護師で介護職の経験もあったので、自ら進んで主介護者になることを決めました。

●一番大変だったとき

役割分担としては、Fさんが主介護者として主治医やケアマネジャーと相談しながら、両親の医療や介護環境を調整することになりました。兄は契約関係や金銭的な役割を担いました。Fさんの夫も、父親が家で転んで1人で起き上がれないときは、車で1時間かけて実家に駆けつけるなど、その時々でサポートをしました。Fさんは妊娠中で自身も体調に気を遣わなくてはいけない時期でしたが、家族の協力を得てダブルケアにあたっていました。

Fさんにとって一番大変だった時期は、父親が亡くなる前の1か月間の介護でした。身体的ケアのため、毎日、仕事中でも主治医とケアマネジャー、訪問看護師と父親の在宅のターミナルケアの調整と判断をしなければなりませんでした。また、休日には母親の病院に行って重要な治療方針を決めるなど、心身ともにハードな時期でした。

父親に身体的ケアが必要になった頃は、長女が利用している保育所は、Fさんの事情を理解し、送迎の時間を緩やかにしてくれました。それでも難しいときは、Fさんは長女の保育園を休ませて実家に戻らざるを得ませんでした。「子どもに我慢をさせているんじゃないか」「子どもに負荷がかかっているんじゃないか」という親としての葛藤がありました。この頃は頻繁に実家を訪れて、父が他界するまでの1週間は家族で泊まり込みでケアにあたりました。そのときに「子どもが保育園に行けない」というストレスがあったので、実家近くの一時保育の責任者の方に、ダブルケアをしている事情を説明して、なんとか長女を一時保育所に預けることができました。そうすることで長女のメンタルを安定させることができました。

●ダブルケアを終えて

その年に父親は亡くなりましたが、家族としてはとても納得のいく最期を迎えることができました。

支援の視点とポイント

訪問看護師の視点

仕事は育児や介護における逃げ場にもなり得ますが、妊婦である自身の心身のケア、育児と介護、仕事でも他人のケアをするというダブルケア以上の負担があったと推察します。

職業柄、知識や経験があるからこそ介護者に名乗りをあげ、1人で抱え込んでしまう可能性があります。まずはFさんの気持ちを表出できる場が必要と考えました。Fさんがどんな思いで介護をするのか、何が一番つらいか、何を優先させたいか、末期がんである父親だけでなくFさんのニーズを探り、支援する必要があります。専門職で知識があるという先入観から、サポートすべき部分を見逃してしまう可能性もあります。

負担が1人に集中しないような役割分担と、ときに家族間や関係各所をつなぐことも必要です。父親だけでなく母親も介護が必要になっているため母親のことは一時的にでも兄に分担できるよう看護師から提案できたかもしれません。

家族の疲労度や状況確認を訪問ごとに行いながら、病状を予測しつつ主治医やケアマネジャー、子育ての関連職種等と連携し、必要と思われるサービスの情報提供を適宜行う必要があります。

場合によってはFさんの妊娠経過の確認、状況に応じて産科や助産師等との連携も必要になるかもしれません。お腹が大きくなれば介護は困難ですので、Fさん以外の家族へのケア方法の指導、介護保険の区分変更、訪問介護導入や訪問回数など、体制強化についてケアマネジャーや主治医と連携しながら検討を行うことが必要になると思います。こうしたケア量の軽減で、家族で過ごす時間を少しでも増やすことができると思われます。

保育園園長の**視点**

ターミナルケアについて理解のある保育園を利用できてよかったと思います。Fさん自身がその職歴から看護と介護の両面を深く理解し、また主介護者として事情の説明なども適切に行えていた結果のようにも思います。

現状、保育園の利用要件は「就労」によるものが最も多く、「介護」による利用は少ないため、園によって介護環境への理解や支援体制にバラつきが大きいという課題があります。全体的に各サービスへの連携の負担がFさんに大きく偏っているようにも見えますが、他者を介入させると、その人自身との連携も必要となり、より負担となるなどの判断もされていたようにも思いました。

特に実家訪問などにより生活圏域でない地域で一時保育サービスを探し、状況を伝え、利用するには大きい負担があったと思います。認可保育園は生活圏域での利用を前提にしている園が非常に多く、認可外保育施設は金銭面の負担が大きくなる代わりに出先の地域でも一時利用しやすい施設があります。「ターミナルケアによる連泊を予測し、実家近くの一時保育施設に見当をつけ、利用できるよう説明しておく」レベルの事前準備が必須とはいえませんが、Fさんの突発的な体調不良なども想定し、近隣の一時保育実施施設などの情報をケアマネジャーとも共有できていると、不測の事態の際にも、より対応しやすくなると思います。

ダブルケア経験者の**視点**

ダブルケアラーに大きくのしかかってくる負担として、「調整役」と「判断」があると思っています。Fさんも、仕事中でも主治医やケアマネジャー、訪問看護師など、各種方面との調整や判断をされていたと書かれています。目に見えにくい、これらの煩雑な役割の負担感を周囲の人（もしかすると社会全体）に理解してほしいと、私自身もダブルケアを経験して実感しました。

Fさん自身に看護職や介護職の経験があったとはいえ、家族となると、やはりケアは大変だったことと思います。ましてや妊娠中……。自分の身体をいたわって、と言われてもなかなかそのようにできないのがダブルケアラーです。私も妊婦ダブルケアラーだったのでよくわかります。心身共に大きく変調をきたす妊娠中や産後、小さい子どもを育てるダブルケアラーには無理をさせないように、周囲の人が気づいて積極的にかかわってあげてほしいと思います。

事情を理解してくれた長女の保育所が送迎の時間を緩やかにしてくれたこと、実家近くの保育所の一時保育を長女が利用できたことなどから、Fさんの情報収集力と交渉力に感心しました。しかし、多くのダブルケアラーはFさんのようにはなかなか行動できません。したがって、ダブルケアにかかわる専門職の方には、多様な事例にふれ、ダブルケアラーに必要な支援方法の引き出しをより多くもっていただけたら幸いです。

case 07

終末期の実父と介護を放棄した実母のケア、育休後の仕事も抱えながら子育ても担ったGさん

事例概要

- Gさん・30代・女性（介護職）
  夫は看護職。自身は介護職として働くかたわら、近隣に住む末期がんの実父の介護も担う。実母は依存的性格で、なにもかもGさんに頼りきりになり、緩和ケア等の重要な選択も担った。
- 主にかかわった専門職：主治医、看護師、ケアマネジャー、ダブルケア支援団体
- 制度・つなぎ先：病院、ダブルケアカフェ、ピアサポーター養成講座
- キーワード：ターミナルケア、介護放棄、グリーフケア、ダブルケアピアサポーター研修

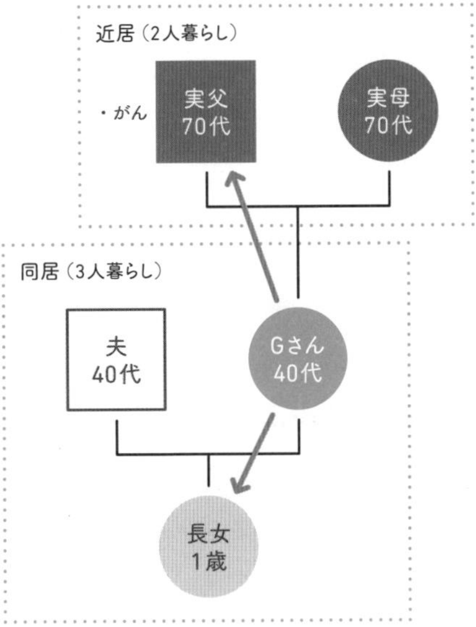

【エピソード】

●ダブルケアの始まり

Gさんは介護職で、夫は看護職をしていました。子どもが1歳の頃

（育児休暇中）、父親のがんが見つかりダブルケアが始まりました。手術でがんは取りきれませんでしたが、日常生活ができるようになったので退院となりました。

●一番大変だったとき

父親は交通事故に遭い、入院先でがんの転移がわかりました。交通事故で骨折をしていましたが、がんの治療を優先することになり、通院で抗がん剤の治療が始まりました。母親はもともと依存するタイプでしたが、Gさんが介護職ということもあり、父親の身体介護はもちろん、治療方針や介護サービスの選択、さらには家事もGさんに任せるようになりました。育児休暇後に職場復帰したGさんは、片道1時間の職場に通いながら保育園に子どもを迎えに行き、そのまま実家へ寄って夕飯を作ります。父親をお風呂に入れてご飯を食べさせてから、急いで自宅へ帰り子どもを寝かしつけるという多忙な生活を送りました。

忙しい毎日でしたが、当時は、世間にはもっと大変な人もいるのだから、自分はそれほどでもないと思っていたそうです。最もGさんを悩ませたことは、さまざまな場面で判断を委ねられることでした。本当にこれでよいのか不安になることがあったそうです。特に父親の病状が進み、緩和ケアを選択する際の判断は、Gさんにとっては難しく、重い責任を感じる場面となりました。積極的な治療を行わず、苦痛を緩和する病棟に移ることを本人にどのように伝えたらよいか、とても難しく感じたそうです。最終的に父親に「家に帰らない」と言わせてしまったのではないか、本当は家に帰りたかったのではないか、という思いが残りました。父親が亡くなって2年経った今でも、答えは出ないままです。

●ダブルケアピアサポーター研修に参加して

Gさんは、介護職としてターミナルケアの経験はありましたが、自分の父親だとまったく違ったと振り返ります。グリーフケア、セルフケアのために自分の思いをメモに書きとめたり、看護師の夫と死生観について語り合ったりもしました。

そのような折、知人からダブルケアピアサポーター研修の案内をもらい、何となく参加しました。研修のなかでダブルケアカフェ体験があり当事者同士でダブルケアの話をする時間がありました。話を聞いてもらい「頑張ってるね」と言われたとき、「私、頑張ってるんだ」と涙が出たそうです。ただ話を聞いてもらっただけですが、認められるということに助けられた体験になりました。

支援の視点とポイント

医療ソーシャルワーカーの視点

介護職に就いているGさんは、一般の方に比べれば在宅介護の知識も技術も豊富ですが、仕事ではなく自分事となると客観的にとらえることが難しくなります。「世間にはもっと大変な人もいるのだから」と自分だけで頑張ってしまうことで、Gさん自身が心身のバランスを崩してしまう危険もありました。介護者が専門職の場合は言葉かけが難しいもしれませんが、家族の介護においては当事者であることを忘れず、支援者としては当事者としてのGさんをしっかりみることも大切です。

本人の意思を決定する支援は、本来は本人と行うものですが、現在もまだ、よくない情報ほど本人より先に家族に伝えられることが多く、本人は意思を表明できる状態にあるのに、本人不在で治療方針が決められることが少なくありません。バッドニュースをどのように本人へ伝えるか悩む家族は多いと思います。がん相談支援センターや難病相談支援センターなど、地域住民として匿名で相談が可能な相談機関を紹介してもよいでしょう。また、治療を行っている医療機関の緩和ケアチーム等も相談にのってくれます。家族だからこそ話せない本人の思いを、病院のさまざまな職種のなかの誰かが聴き、意思決定支援に反映させることもあります。自宅に戻られてからでも、訪問診療や訪問看護、訪問介護等、かかわる場面が違うことで本人から得られる情報も異なるので、情報を持ち寄る場を設けることでみえてくる本人の思いもあると思います。

ダブルケア支援団体の**視点**

子育ても介護も、保育や介助など身体的なケア役割だけでなく、精神的なケアももちろん、手続きや施設等との調整、そして選択や決断もするというマネジメント的な役割を担うことがあります。Gさんのように家族のなかに専門職の人がいると、その人への依存や期待度が高まります。しかし、Gさんの話にもあるとおり、仕事としての介護と、父親の介護では全く異なるものです。子育てや仕事で忙しいなか、母親からの期待に応える形で父親の治療方法を選択するというのは大変な重荷だったことでしょう。

これまで自分がやるのが当たり前と思って1人で頑張ってきたダブルケア。ふとしたきっかけで参加することになったダブルケアピアサポーター研修で、おそらくGさんは初めて自分のダブルケアについてお話をされたのだと思います。ダブルケアカフェではこのように、ダブルケアを経験したことがあるからこそわかってくれる、共感してくれる、認めてくれる、応援してくれる人たちに出会うことができます。ダブルケアで悩んでいるのは私1人じゃないんだ、ということに気づくだけでも大変勇気づけられるものです。Gさんのようにダブルケアが終わった後でも悩み続ける人は多くいて、ダブルケアカフェへの参加がグリーフケアになる人もいます。ダブルケア支援には欠かすことができないとても大切な場です。

ダブルケア経験者の**視点**

職場復帰後の状況に注目しました。母親がもともと家族に対し依存するタイプのため、Gさんは父親の身体的な介護だけではなく、サービスの選択や治療等の判断、実家の家事、そして育児もこなしています。Gさんは介護職のため、1人で行う介護の大変さはよくご存じとは思いますが、「自分がやらなければ」といった責任感も強かったのでしょう。Gさんへの負担が何倍にも膨れています。母親に協力が求められないのであれば、介護サービスだけでなく子育て支援サービスも積極的に利用することで、Gさんの負担はもっと軽減することができたと思います。

ダブルケアラーの多くは、Gさんのように「世間にはもっと大変な人もいる」と思いこみ、我慢をし、自分の限界に気づかない方が多いものです。また、「育児の相談は友達にできても介護の相談はしづらい」というように、自らSOS発信ができない方も多く、周りが気づかないこともあります。「私はまだまだ大丈夫」と抱え込み、心に余裕がなくなっても、ついつい頑張ってしまう傾向にあります。介護される方もする方も双方が心身ともに健康で、幸せの方向へ向かうためにも、ダブルケアカフェなどに参加し、話を聞いてもらい、自分のなかの答えを整理することも重要かと思います。「これでよかったのか」という感情が出てきたのは、父親のことを一番に考え、前向きにまた懸命に介護をされてきたからだと思います。

case 08

実父母の介護と発達障害のある長男の子育て。介護サービスをめぐる価値観の狭間に立たされたHさん

事例概要

- Hさん・40代・女性（専業主婦）小学生の頃から母親の介護を担う。結婚後、夫が海外赴任中には入退院を繰り返す両親の介護と乳幼児の育児を1人で担うことになった。長男は3歳のときに自閉スペクトラム症の診断を受ける
- **主にかかわった専門職**：ケアマネジャー、ホームヘルパー、児童精神科医、作業療法士、言語聴覚士
- **キーワード**：若年性認知症、ヤングケアラー、自閉スペクトラム症、親の価値観
- **制度・つなぎ先**：デイサービス、ショートステイ、訪問介護、特別養護老人ホーム、児童発達支援、放課後等デイサービス

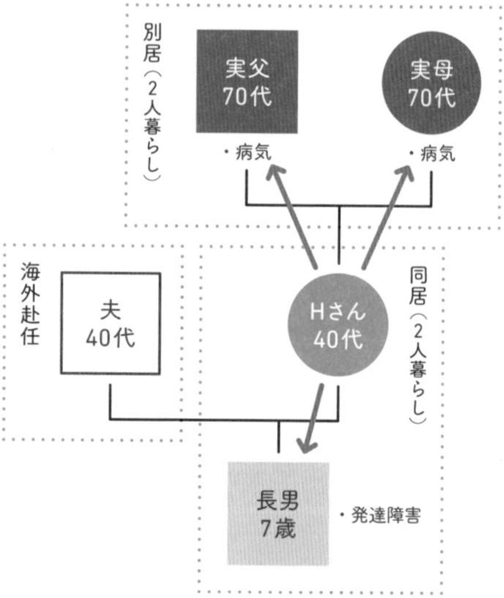

【エピソード】

●ダブルケアの始まり

Hさんの母親は、Hさんの祖母の介護を6年間つきっきりで行い、体調を壊し、Hさんが小学6年生のとき、たびたび手術・入院を繰り返す状態になってしまいました。この頃からHさんはヤングケアラーとして母親のケアをするようになりました。

●一番大変だったとき

Hさんは結婚後も母親のケアを続けて担っていましたが、長男が生後3か月の頃に母の緊急手術が必要になりました。このとき、父親も病気のために要介護状態となり、入院していました。両親の世話のためにそれぞれの病院に行かねばなりませんが、生まれたばかりの長男を預けられるところがなく途方にくれました。行政に相談しても、NPO法人の連絡先を教えてもらいましたが、緊急時のなかですべて１人で抱え込み、連絡調整を行うゆとりはありませんでした。結局、話を聞きつけた義理の両親が長男を預かってくれることになりました。

その後、夫が海外赴任となりHさんは実家の近くに引越し、父親の介護に加えて、乳幼児の子育て、さらに入院している母親の世話も行うなど、心身ともに疲労困憊していきました。

父親のケアマネジャーは、緊急ショートステイを組むなどしてHさんを支えました。ケアマネジャーはHさんの出産直後から父親の特養入所をすすめましたが、そのときは母親が嫌がり話を進めることができませんでした。しかし、当時を振り返ると、客観的にみて、在宅での介護の限界をケアマネジャーは感じていたのかもしれません。その頃に施設入所に動かなかったことが、その後じわじわとケアの負担を重くしていきました。

●子どもの発達障害と施設入所の難しさ

Hさんの長男は3歳のときに自閉スペクトラム症の診断を受けました。運動面の発達が年相応ではなく、1つのことに集中しすぎたり、「順番」に強いこだわりがあったり、急な予定変更も苦手でパニックになることがありました。そんなときHさんは、親のイライラを敏感に察知したからだと、長男に対して申し訳なく思ったそうです。

一方、母親は徐々に状態が悪くなり、認定の更新申請で要介護2になりました。Hさんはついに限界を感じ、ケアマネジャーに父親の施設入所を相談しました。しかし、特別養護老人ホーム（特養）を探すのは大変でした。発達障害の長男のことや母親の介護も重なっていたのに、特養の優先順位が低く、すぐには入所できなかったのです。それを聞いてHさんは絶望しました。「うちより優先順位が高いというのはどんな状況なのだろう……」Hさんは毎月、施設に電話をして入所の順位を確認しました。本当に切羽詰まっていたのです。何とか父親が施設に入所できたのは、その半年後でした。

●自分の価値観と親の価値観の狭間で

母親は福祉サービスを利用する感覚があまりなく、家族や地域で支え合うことを大切にする価値観の持ち主で、Hさんの介護が不十分だと思ったら、どんどん近所に電話をして助けを求めてしまいます。ケアマネジャーは週3回ヘルパーを入れて入浴を見守るサービスも入れようと本人には伝えていますが、「週1回のヘルパーで十分」と言って受け入れません。また、デイサービスの通所も拒みました。父親の施設入所についても、近所の人には「娘とケアマネジャーに任せた」と言っています。

Hさんは、母親の価値観を尊重しつつも、近所の人から「娘がいるのに何やってるんだ」と自分に返ってくることをつらく感じています。しかし、お互いの価値観を尊重することがメンタル面を維持するにはよいはず」と割り切って考えるように努めました。

支援の視点とポイント

ケアマネジャーの視点

父親が入院し、要介護状態になった段階で、父親が自宅に帰ってきたことを想定したケアプランを検討する必要があったと感じます。父親がどのような状態で自宅に帰ってくるのか？ 誰が介護を担うのか？ 自宅の環境は？ 必要な医療サービスは？ 介護サービスは？ といった視点で考え、入院の段階で、在宅での介護だけでなく、施設入所もふまえて考える必要があったと思います。支援するケアマネジャーとしては、綿密なアセスメントにより、そこに気づき、情報を揃えたうえで今後の生活方法を提案し、利用者に意思決定をしてもらうことが大切です。

また、このケースでは、ケアマネジャーの立場では専門外の子どもの発達障害に対する助言や提案はなかなか難しいことから、支援が行き届かなかったのかもしれません。ケアマネジャーは、主として介護サービス（特に介護保険）の専門職ですので、行政を中心にした発達障害などの対応ができる窓口に相談することで必要な専門家につなぎ、父親の介護だけでなく、長男を加えた家族の課題としてとらえて支援することが大切だと思います。また多機関につなぐことにより、多くの専門家が加わるので、支援の幅が広がり、Hさんの相談できる場所が増えます。これにより施設入所のタイミングがより適切になることや、自宅での介護サービス利用の受け入れも変わっていたかもしれません。

児童発達支援事業所職員の視点

小学生の時期からヤングケアラーとして家族のケアにかかわってきたHさんにとっては、実母の介護に対する強い価値観と、「発達障害児の子育て」の狭間で生じる葛藤は、さぞ大きかったことと思われます。

長男は3歳のとき、自閉スペクトラム症との診断を受けました。幼少期は発達を促しやすい時期。未就学児対象の「児童発達支援」、小学校入学後の「放課後等デイサービス」は利用してほしい発達支援のための福祉サービスです。実はこれら療育機関は親の相談（親支援）の場でもあるのです。

自閉スペクトラム症の特性をもつお子さんの子育てには不安と心配と疑問が尽きません。保護者が早い時期から、子どもの発達に関する知識と適切な対応スキルをもって接することは、大変有効です。そのために親支援があります。

現在、長男は小学1年生。運動発達がゆっくりであること、パニック、こだわりの強さがみられるのでしたら、学校生活においても、過ごしづらさが推察されます。「発達性協調運動障害」もあるかもしれません。これらの症状が続くことで起こる失敗体験は自己肯定感を低下させ、不安感が強くさせるでしょう。そして、二次的な問題として、孤立、いじめや不登校などの発生につながることが危惧されます。

一番避けたいのは、Hさんの孤立です。二次的な問題を予防するためにも、担任の先生、スクールカウンセラーと話し合って、子どもが安心して過ごせる工夫をしてほしい、特別支援教室や学童保育の障害児枠の利用も調べてほしいと思います。子ども発達支援センター、子育て支援センター、ファミリーサポートセンターや親の会などにアクセスし、つながっていきましょう。

ダブルケア経験者の**視点**

価値観の違いから、実際のケアにかかる身体的疲労よりも、精神的疲労感のほうが強く出ることもあると思います。Hさんも親御さんや近所の人との価値観の狭間でとても気苦労されたと思いますが、最後に「お互いの価値観を尊重することがメンタルを維持するにはよいはず、と割り切って考えるように努めている」と書かれています。よい意味で「割り切る」ことはケアをするうえで大切なことだと思います。

私の実際の経験からですが、価値観の違う人との軋轢で精神的に疲弊するときには、同じ価値観の人とのおしゃべりでリフレッシュすることも1つの方法です。「やっぱりそうだよね！ 私の考え方もそれはそれで間違ってないよね？」とザワザワ、モヤモヤとした気持ちが少し落ち着くこともあります。

一番大変だったときに、行政に相談しても具体的な支援に結びつかなかったことで、とても落胆されたのではないでしょうか。一概には言えませんが、福祉の相談は社会福祉協議会やNPO法人などのほうが適切な対応を得られることもあります。しかし、そのことをダブルケアラー世代は知る機会は少ないようです。せめて最初に相談を受けた窓口（この事例の場合は行政）が適切なところへ「つなぐ」役割を果たしてくれたら救われるダブルケアラーは多くいるはずです。その場合も、ただ連絡先だけ伝えるのではなく、一緒に次の窓口まで付いて行ってくれるくらいの心遣い・手厚さがあったらダブルケアラーの心も救われると思います。

Hさんの母親は、Hさんの祖母の介護を6年間つきっきりで行って体調を壊し、今度はHさんがヤングケアラーとして母親のケアをするようになったとのことです。母親も介護は家で家族が（もしかすると女性が）やるもの……という当時の周囲の価値観のもとで、必死にケアをされていたのかもしれません。その価値観の違いでHさんは苦労されますが、やはり、ケアはケアラーが元気でなければできません。これからのダブルケアは、周囲の支援やサービスを上手に使い、自分のことも大事にしながら、元気にケアする時代になることを望みます。

case 09

副介護者として、認知症の義母のケアをサポートし続けたIさん

事例概要

- Iさん・30代・女性（医療従事者、フルタイム勤務）
  夫40代、長女0歳。腰椎圧迫骨折を機に、認知症の症状が顕著になった義母を介護する義父をサポートしながら育児を行う。

- 主にかかわった専門職：ケアマネジャー、
- 制度・つなぎ先：特別養護老人ホーム
- キーワード：認知症ケア、老老介護、副介護者、妊娠産後期のダブルケア

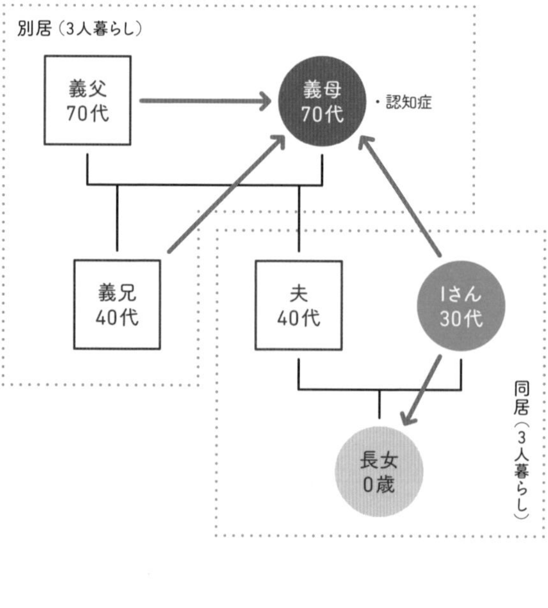

【エピソード】

●ダブルケアの始まり

同じ話を繰り返すなど、以前から認知症を疑うような言動があった義母の症状が顕著になったのは、6、7年くらい前に腰椎圧迫骨折で入院してからです。退院後、義母は要介護認定で要介護2と判定され、デイサービスを利用することになりました。義母の介護は同居の義父が行っていましたが、Iさんも義父のサポートをするために車で20分ほどの夫の実家をたびたび訪れて、副介護者としてかかわり始めました。義父母は義兄と同居していましたが、Iさんが医療従事者だったため、ケアマネジャーからの連絡が自然とIさんにくるようになりました。

その後、Iさんは妊娠し、長女を出産しました。育休中も赤ちゃんの世話をしながら、週に1回程度介護をサポートしていました。自身の身体がまだ完全に回復しきれていないなか、0歳の子どもの育児と義母の介護、義父とケアマネジャーとの間を取りもつなど、育児だけにゆっくり専念できない状況でした。

●産前産後期に副介護者の立場で、実家のサポートを行う

要介護3となった義母はトイレにオムツを流してしまったり、ペットの猫の糞を手でつかんで捨ててはいけないところに捨てるといった行動がみられるようになりました。さらに、義父が準備していたデイサービスの着替えを片づけてしまったり、干したばかりの洗濯物を取り込んでしまうことが続き、義父の介護の負担は大きくなっていきました。義父は献身的に介護しつつも、負担が増えることでイライラして感情的になり、暴言や思わず手が出てしまうこともあったそうです。Iさんは義父のサポートをするために、部屋の掃除をしたり、ご飯を作ることで、家庭の空気を安定させることに気を配りました。夫もできるだけ介護にかかわりました。

●子どもが家族をつなぐ

義母を自宅で介護するのは義父の負担が大きすぎるとの判断から、特別養護老人ホームに入居の申し込みをしました。しかし、なかなか空きがでず、1年待っての入居になりました。

Iさんは義母を施設に入れる形になってしまったことをつらく感じ、月に1回は長女を連れて面会に行きました。孫の顔を見ると義母の表情が和らぎ喜びます。Iさんは、赤ちゃんの存在により家族が癒され、救われたと感じているそうです。

支援の視点とポイント

助産師の視点

Iさんは、産後まだ十分に回復しきれていない身体で慣れない育児と義母の介護をする義父の支援で無理を重ねています。

妊娠・出産はリスクを伴うものです。また産後は十分に身体を休め、体力と気力を十分に回復させることに力を注げる環境を提供したい時期です。自分自身を大切にすることがお子さんの成長とご家族の幸せにつながります。肩の荷を下ろし、罪悪感をもつことなく安心して休んでもらえるような環境を子育て・介護双方向からの支援でつくることが大切です。

2017年に妊娠期からの相談窓口として「子育て世代包括支援センター」が全国に設置されました。母子保健相談員（保健師または助産師）も配置され、地域で母親が妊娠期から産後安心して子育てを楽しめるよう、さまざまな相談にのり、必要な支援につなげていく役割を担っています。

Iさんのようなケースでは、センターで産後の生活等について具体的に一緒に考えてもらい、産前産後の生活をサポートする育児支援へルパーや一時保育（ファミリー・サポート）の利用、退院後十分身体を休められるよう、宿泊型の産後ケア事業の利用等を妊娠中に検討されておくとよかったと思います。また、第一子の子育ては初めてのことばかりです。産後1年間は助産師の産後ケア訪問も利用できることを知っておいてほしいと思います。

また、Ｉさんが子育てに集中できる環境は子育て支援だけでは足りません。助産師が行政保健師につなぎ、祖母の介護支援の見直しを地域包括支援センターにはたらきかけることも必要だったのではないでしょうか。ダブルケアにかかわる子育て関連の専門職には、介護分野の制度やサービスもうまく活用して支援にあたってほしいと思います。

認知症ケア研究者の**視点**

認知症は早期に発見し対応することが大事だといわれています。たとえば、代表的な認知症であるアルツハイマー型認知症は時間とともに進行していくため、早期に発見し、まだ本人のできることがたくさんあるときに、それを活かしながら生活を再構築していくことが大切です。そうすることで、その後の生活を前向きに過ごすことができます。本事例では、認知症が疑われる言動がみられた初期の段階で診断につなげられたら、その後が違ったかもしれません。しかし、まだまだ元気な状況で、本人や家族が認知症を疑い、受診に至ることは、簡単なことではありません。認知症に関する啓発活動を通し、早期発見早期対応の重要性を認識してもらい、ふだんかかわっている主治医や他の専門職が、本人や家族からの相談を受けた際に認知症の専門医につなげていくなどの対応が必要になります。

要介護3になり、義母にはさまざまな理解しがたい言動が出現しています。一見理解しがたい、ときには義父を困らそうとしているかのようにみえる行動も、実は本人なりに何とか生活をしていこうとするなかで、やむを得ず、そうなってしまっていることがあります。

たとえば、ペットの糞の処理や、洗濯物を取り込む場面では、主婦の役割を果たしたいと片づけようとしているのかもしれませんし、頑張っている義父のために役に立ちたいという思いがあるのかもしれません。しかし、認知機能障害があるために、本人が意図したような言動できないのです。

とはいえ、介護をする義父の立場では、そうした義母の障害ゆえの行動を受容し続けるには限界があります。最悪の場合、虐待となってしまうかもしれません。義母の、役に立ちたいという思いや、まだまだできることを発揮して活躍できる場を紹介したり、義父の大変さを共感し、頑張っていることを認めたり、同じ介護者の立場の人に話を聞いてもらえるような場が必要かもしれません。

ダブルケア経験者の**視点**

Ｉさんは、義両親のケアをサポートしている同時期に赤ちゃんを出産し、子育ても始まりました。私自身、産前産後に両親の介護を経験しています。産後、自分自身の安静を保ちながら赤ちゃんの子育てを昼夜問わず行うだけでも精いっぱいですが、それでも親のサポートをしたい、でも、できないという葛藤に苛まれるのではないでしょうか。

また、子ども世代の出産に伴い、義父母へのサポート力が弱まったことで、メインケアラーである義父の負担が増え、結果的に義母への虐待に発展したことは容易に想像ができます。

Ｉさんの妊娠中は、何とか義父母をサポートしながら家族のバランスを取っていたのだと思いますが、産後は自分自身の母体の安静や赤ちゃんのお世話があります。それだけでも大変ななか、Ｉさん夫婦は可能な限り義父母のサポートも行っていたのでしょう。子ども世代も親世代もそれぞれの抱えるケアで精いっぱいとなり、お互いにサポートをし合うゆとりはあまりない状態だったのではないかと思います。

社会構造の変化により、産後の生活を親に頼ることは当たり前ではなくなりつつあります。ダブルケアのケースにおいては、家族全体の視点でとらえて、子ども世代の出産のような大きなライフイベントが起きるタイミングで、子ども世代・親世代のそれぞれのケアの体制を見直していく必要が求められるかと思います。

case 10

1人暮らしで認知症が疑われる実父が詐欺にあい、仕事、子育て、遠距離介護の両立の難しさを痛感したJさん

事例概要

- Jさん・女性・40代（フルタイム勤務）
  家族は40代の夫と5歳の長女。遠方で暮らす両親の介護に、次々と問題が発生。経済的にも精神的にも遠距離介護の難しさを痛感している。
- **主にかかわった専門職**：地域包括支援センター、ホームヘルパー、ベビーシッター
- **制度・つなぎ先**：地域包括支援センター、有料老人ホーム、保育園
- **キーワード**：認知症ケア、事故、還付金詐欺、1人暮らし、遠距離介護

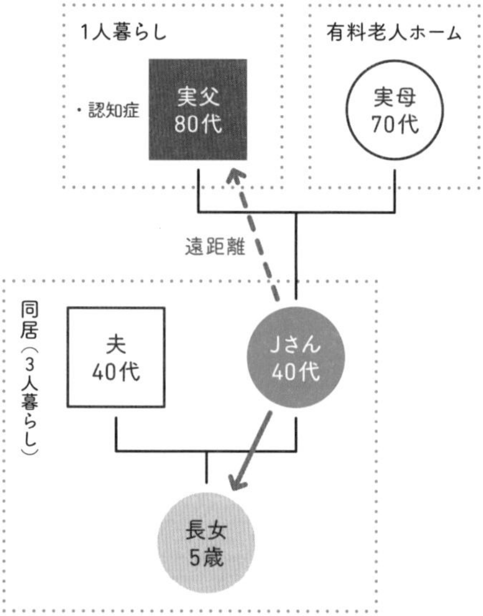

【エピソード】

●ダブルケアの始まり

Jさんの両親は遠方で暮らしていましたが、母親は脳出血の後遺症のため数年前に有料老人ホームに入居しました。その後、父親は実家

で1人暮らしをしていましたが、母親のお見舞いに行くときに事故に遭い、足を骨折してしまいました。幸い命に別条はありませんでしたが、歩行時に痛みが出るようになり、買い物に行くことが大変になったことから、要介護認定を受け要支援2と認定されました。

●専門職に助けられて

Jさんはフルタイム勤務で仕事をしており、遠方に1人で暮らす父親になかなか会いに行けない状況でした。なんとか時間をやりくりして実家に行くときは、始発の新幹線に乗り、子どもの保育園の送迎は、朝は夫が保育園に連れていき、お迎えはベビーシッターに依頼して、Jさんは最終の新幹線で日帰りするというまさに綱渡りの状況でした。

父親は足の痛みのために外出の機会が減り、1人暮らしということもあって他者とコミュニケーションを取る機会が少なくなっていきました。Jさんはできるだけ電話をかけるようにしていましたが、父親との会話で認知症が疑われるようなやりとりが増えていきました。

そんな折、父親が還付金詐欺にあっていることに気づいたホームヘルパーが、地域包括支援センターと連携して対応してくれたということがありました。この事件後、何かあったときには地域包括支援センターに相談して、フォローしてもらうようになりました。

●両親と子どもの病気やケアのサポート

父親の1人暮らしに限界を感じたJさんは、母親が入居する有料老人ホームに父親も入居してもらうことにしました。入居に伴う引っ越しや実家の売却等を遠方から行うことは難しく、Jさんにとってはこの頃が時間的にも精神的にも一番きつかったと振り返ります。

父親が有料老人ホームに入居して安心したのも束の間、脊柱管狭窄症になってしまい、手術や定期的な受診が必要になりました。病院からの指示でJさんが受診に付き添わなければならず、大きな負担になりました。どうしても付き添えないときは、知人に謝礼金を支払って対応してもらいました。

　また、同時期に長女に病気が見つかり、2か月間、保育園を休むことになりました。Jさんはフルタイムで仕事をしていたので、この間の長女の世話はベビーシッターを利用することにしました。その金銭的な負担も大きなものでした。

●コロナで両親に会えない時期が続く

　両親の入居する有料老人ホームはコロナ禍で面会禁止になり、しばらく会えなくなってしまいました。しかし、父親が1人暮らしをしていた頃は、トラブルに巻き込まれていないか心配でしたが、その不安はなくなりました。今後は両親が同じホームで、穏やかに暮らしてくれることを願っています。

支援の視点とポイント

介護支援コンサルタントの視点

　なんとか時間をやりくりして、1人暮らしの父親の様子をみるために、新幹線で日帰り帰省するJさんの大変さは想像に難くありません。要支援2という認定結果が正しいとすれば、頻繁に実家に帰る必要はなかったはずです。かかわる専門職が、Jさんは何が心配で、何をするために帰省しているのかを確認し、気持ちに沿った支援策を提案するとよかったかもしれません。

　また、Jさんは地域包括支援センターと連携して遠距離介護をしていました。Jさん自身の負担を減らすために、現状、父親が自宅で生活できていることを評価し、父親の生活上の心配事をJさんから地域包括支援センターに伝え、直接的なかかわりは介護保険サービスを活用することも、遠距離介護のコツだということも伝えましょう。その際、認知機能や身体状況の低下がみられる場合は、家族だからこそ知り得ている具体的なエピソードを話してもらい、必要に応じてサービス調整や要介護認定の見直しを検討していくとよいでしょう。

病院から家族の付き添いを要求された場合、病院と家族との間でコミュニケーションギャップが発生していることがあります。家族としては、病院から依頼されたことは絶対と受け取ることが多々あります。Jさんに代わって支援者が、病院のソーシャルワーカーに家族の状況を説明したり、同行の理由をヒアリングしたりすることも有効です。自費負担となりますが、看護師による受診同行の利用も有効でしょう。

事例では、父親も施設入所となりましたが、家族の不安や負担の軽減をはかり、父親の生活に対する思い（娘に迷惑をかけず自宅生活を継続したいなど）を叶える支援を模索することも大切だと思います。

保健師の**視点**

遠距離介護は、身体的・精神的・経済的にとても負担が大きかったのではないでしょうか。さらにお子さんのご病気のこともあり、大変なご苦労があったことと推察します。

Jさんのお子さんもすでに保育園に入園されていたことから、お子さんに関する主な支援先は保育園であったと推察します。自治体の保健師は、本人からの申し入れや関係機関などからの情報提供がなければ、家庭の状況を認知することが困難です。そのため、何か困っていることや助けが必要だと感じた場合は、役所や保健センターに連絡するとよいでしょう。どこに連絡をしていいのかわからないという場合は、代表の番号に電話をかけ、何歳のお子さんの相談なのかを伝えると、管轄の部署につないでくれるでしょう。

さて、お子さんのことは主にベビーシッターを利用されていたとのことですが、Jさん、あるいは夫が倒れてしまった場合「一家共倒れ」の可能性もあります。万が一のことを考え、セーフティーネットを張りめぐらせることが重要です。

　また、父親が居住している自治体と連携を図れるような体制をつくっておくことも大切だと思います。Jさんは自ら情報を収集し、物事を選択・判断できる方ですが、すべての人がそうであるとは限りません。そのため、ふだんから有事の際に自治体間で連携を図れるような体制づくりを推進していくことが必要だと考えます。

ダブルケア経験者の**視点**

　Jさんの父親が還付金詐欺にあったということから、気軽に会える距離ではない遠方に住むJさんにとって、いつ同様のことが起きるかわからない不安が常にあったと思います。幸いなことに、Jさんは親の住む地域の地域包括支援センターとつながり、父親の見守りサポートを受けられることになりました。ダブルケアを経験した立場からいうと、子育てと介護と仕事の両立で切迫していた頃、どこに相談してよいのかわかりませんでした。介護については、まずは地域包括支援センターに相談しに行くとよいという情報を身近で得られると、ダブルケアラーの不安は軽減すると思います。

　また、Jさんの事例で参考になるのは、自分1人だけで子育てと介護を乗りきろうとしたのではなく、育児についてはベビシッター、介護に関しては知人に父親の受診の付き添いをお願いして、Jさんの家庭が円滑に機能するように調整されていることです。ダブルケアは、子どもや親が体調を崩したときに、何とかバランスを保って生活をしていた状況から一変し、やるべきことが急に増えていきます。そうすると、目先のことしか見えなくなりがちですが、Jさんは一時的な支出は増えても長期的な視点で、自分以外の人に任せられそうなことは人に頼むという行動をとっていました。これは、ダブルケアを乗りきるために非常に大切な考え方だと思います。

case 11

義父の認知症ケアと 3人の子どもの出産・子育て。保育園の入所に苦労したKさん

事例概要

- Kさん・30代・女性（自営業）
  夫は自営業。長男が1歳の頃、義父が認知症のようだとの連絡を受け、義父母と同居を開始。その後、義父は認知症と診断され、Kさんが中心になってケアをした。
- 主にかかわった専門職：ケアマネジャー、保育士
- 制度・つなぎ先：デイサービス、保育園、介護老人保健施設、ダブルケア支援団体
- キーワード：前頭側頭型認知症、精神的負担、孤立、ダブルケアカフェ

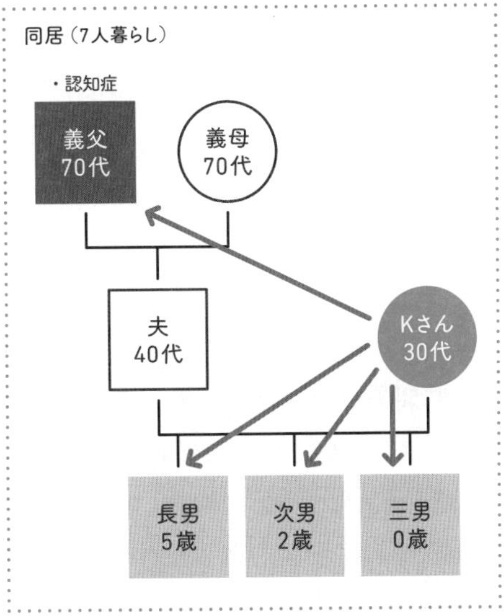

【エピソード】

●ダブルケアの始まり

長男が1歳の頃、義母から「義父が認知症のようで心配だ」という連絡を受けました。義母は足が悪く、1人で介護を担えないことから同居開始となりました。義父は前頭側頭型認知症と診断され、要介護

認定を受けました。この間の介護に関する相談や手続きはKさんが行いました。

Kさんは3年後に次男、その2年後に三男を出産しました。義父の認知症は、三男が生まれた頃にはかなり進行し、知らないうちに外出して行方不明になり、警察に連絡して探してもらうこともしばしば起こりました。長男のインフルエンザが義父にも感染してしまったときには、熱で動けなくなった義父を夜中に救急車で搬送する際、義母に三男を頼むことができず、Kさんがおんぶして救急車に同乗しました。

●一番大変だったとき

一番大変だったのは、引越しのときに次男と三男が保育園に入れなかったことです。Kさんは介護のため短時間勤務をしていましたが、労働時間要件を満たしていないので短時間の保育しか利用できないと言われ、小規模保育室を利用せざるを得ませんでした。

何回も区役所に通って、介護のタイムスケジュールを提出し、6回目の申請でようやく認可保育園に入れることになりましたが、子どもたちは別々の保育園になってしまいました。車を運転できないKさんは1時間半以上かけて電車に乗って保育園の送り迎えをしました。朝8時半に家を出て別々の保育園に長男と次男を送り、10時半から15時まで仕事をして長男を迎えに行き、16時半にデイサービスから帰宅する義父を自宅で出迎え、それから次男を迎えに保育園に行き、17時半に帰宅という生活でした。

●ダブルケア当事者の会に参加して

多忙な状況が続きましたが、Kさんは早い段階からダブルケアの当事者の集まりに参加し、そこで「自分だけじゃない」と思えたことが心の支えになりました。集まりに参加したきっかけは、子育て支援団体のアンケートに協力した際に、自分がダブルケアラーだと気づき、その後改めてインタビューを受けたことでした。それから当事者の座談会（ダブルケアカフェ）に参加し、参加者とSNSで情報交換を行うようになりました。

●看取りを終えて

義父は介護老人保健施設へ入所しましたが、肺炎を繰り返すようになり、看取りの段階に入っていきました。医師との打ち合わせの際、Kさんは医師が自分に向かって話をしないことに気づきました。このとき「介護を主に担ってきたのは私だけれど、嫁は家族だと思われていない」と感じたそうです。

義父の看取りを終えた後、Kさんは義母と自分の両親も見守るようになり、緩やかにダブルケアは続いています。成長した息子たちは、知らない高齢者にも優しく接しています。介護をしていた頃から、家の中をウロウロする義父に「こっちだよ」と言って椅子まで案内したり、介護の合間におもしろいことをしてKさんを笑わせてくれたりしたそうです。義父の介護を通じて、優しい子どもに育ってくれたことが救いだとKさんは話しています。

支援の視点とポイント

ダブルケア支援団体の視点

都心部では保育園のニーズが高く、フルタイムで働いていても希望の保育園に入ることが難しい問題があるなか、Kさんのように義父母のサポートのために時短勤務していると、労働時間自体が短いとみなされ、保育園入所のランクが下がり、入れないという状態が生まれてしまいます。現在は労働時間だけではなく、介護時間も考慮した入所ランクが設定されるようになってきましたが、介護にどれだけ負担を強いられているかを書面で説明するのは難しいことです。

Kさんの場合も6回目の申請でやっと保育園入所がかなったものの、きょうだいで同じ園に入ることができませんでした。毎日それぞれ別の園に送迎することは、大変な負担だったと思います。役所の担当者には、もう少し丁寧にKさんの状況を聞き取り、これ以上負担が増えないように、申請書の書き方など、もう一歩踏み込んでかかわってもらえたらと思います。

Kさんの場合は義父母との同居ということで、嫁という立場からさまざまな悩みがあったと考えられます。たまたま協力したアンケートで自分がダブルケアラーであることを知り、インタビューに応じたことからKさんは他のダブルケアラーとのつながりをもつことができました。そのおかげで、Kさんが子育ても介護も仕事も前向きに取り組むことができたのではないかと思います。そんなKさんの姿は子どもたちの成長にもよい意味での影響を与えたのだと感じました。

保育園園長の**視点**

認可保育園の利用要件や申込基準は年々改善されていますが、まだまだ「日中出社する就労」を要件としたケース以外では正しく対応できているとは言いがたい状況です。介護負担の大きいKさん家族も利用要件のすり合わせに非常に苦労されたようです。5回申請しても入園できない状況のうえ、合計6回もの利用申請は心身ともに負担が大きく、今後について強い不安を抱いたことと思います。

企業主導型保育事業や認証保育園などの新しい制度における「区市役所を経由せず、施設と直接契約する保育園」では時間の都合を園の責任者に直接相談しやすい場合があります。また地域によっては保育園送迎を実施する育児支援の有料サービスもあり、複合して活用することで支援者の時間の確保につながります。ただし新しい制度の保育園や送迎サービスは市区役所などが一律で情報を取りまとめていないケースも多く、ケアマネジャーや現地の地域包括支援センターのなかでも育児支援の地域資源に強い方の協力があると心強くなります。「ダブルケアの当事者の集まり」では、そうした情報に強いダブルケア支援者ともつながりやすいでしょう。主介護者でありながら疎外感を強く感じていたKさんが、気持ちの支えとなるグループと出会えてよかったです。

ダブルケア経験者の**視点**

保育園の入園の申請が、大変厳しいものだったことに驚きました。結果的にKさんの2人の子どもたちは別々の保育園に入園することができましたが、それぞれの保育園の移動に1時間半もかかり、自宅と保育園と職場の往復は毎日のことですので大きな負担だったと思います。また、Kさんは子どもたちの保育園のお迎えの間に義父のデイサービスの送迎のお迎えまで対応されていました。Kさんが、毎日時間に振り回されながら生活する姿が想像できました。ダブルケアを経験した者としても、よくこれだけの対応をされていたと思います。

また、ダブルケア支援団体とつながることができ、「ダブルケアで大変なのは自分だけじゃない」と気づけたことは、どんなに心強かっただろうと思いました。自分がダブルケアの状態であることに気づいていない場合、子育て、介護、人によってはさらに仕事の両立を目指すなかで、ジレンマを感じたり、苦しいと感じることがたくさんあります。ピアサポートの場につながったことで、ふだんあまり周囲に理解してもらえないと感じる孤独感が軽減していくきっかけになるかと思います。

また、自分の経験を語り、他のダブルケアラーの話を聞くことで、自分自身の状況を客観的にみつめるきっかけとなるのもダブルケアカフェのよさだと思います。

case 12

慣れない子育てと認知症の義母とのやりとりがストレスで産後うつに。当事者の会に救われたLさん

事例概要

- Lさん・40代・女性（自営業）
  夫は自営業。出産後、体調がすぐれないなかでの子育て、認知症の義母とのやりとり、非協力的な夫に不満を募らせ、ストレスから産後うつと診断される。助産師の訪問や子育ての会に参加するなかで家族関係を見直していった。
- **主にかかわった専門職**：ホームヘルパー、助産師
- **制度・つなぎ先**：デイサービス、精神科、保健センター、ダブルケア支援団体、介護の家族会
- **キーワード**：産後うつ、ピアサポート、セルフケア

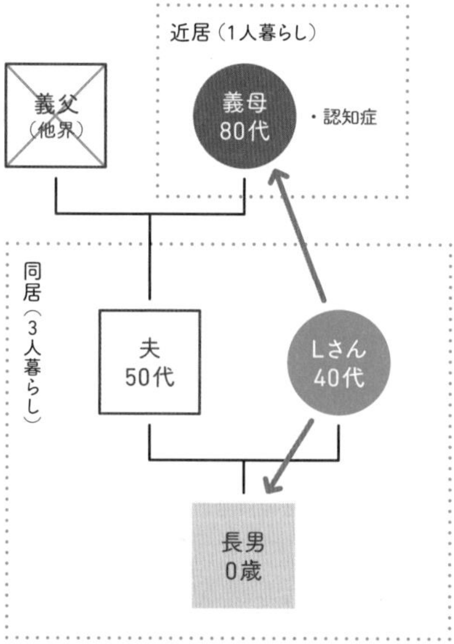

【エピソード】

●ダブルケアの始まり

結婚後、Lさんは近くで1人暮らしをしている義母と関係性を築こうとコミュニケーションをとる努力しました。しかし、義母はもの忘れ

が多く、辻褄の合わないことを言うので、この頃から認知症を疑っていました。

その1年後、義母は転倒して腰を骨折してしまい入院しました。これをきっかけに介護保険を申請したところ、要介護2の認定を受けました。このとき、病院で認知症の検査を行いアルツハイマー型認知症と診断されました。退院後、週2回デイサービスに通うようになると少しずつ身体機能を取り戻し、ホームヘルパーも活用して、1人暮らしを継続していました。

●慣れない育児で産後うつに

ちょうどその頃、Lさんは長男を出産しました。出産後は、ずっと身体のつらさが取れずに苦しみました。そのようなときに、義母から「○○（長男）はお腹が空いてるんじゃないか」と何度も何度も聞かれると、認知症のために同じことを繰り返し言うのだと頭ではわかっていても、イライラを抑えることができなくなりました。また、夫に対しても、子どもが生まれてから育児と介護の大変さを理解してもらえないと不満を抱くようになりました。Lさんはストレスが限界に達し、精神科を受診したところ、産後うつと診断を受けました。

●助産師訪問をきっかけに当事者の会に参加

Lさんに対して、保健センターの助産師が月1回訪問することになりました。Lさんは、保健師に紹介された子育ての会や介護の勉強会に参加するようになりました。

ある子育ての会で、参加者同士で話していたときに、自分は夫に対して要求するばかりで、応えてもらえないことに不満をもち、その繰り返しで苦しくなっているのではないかと、ふと思いました。それから、夫の仕事を理解しよう努め、かかわりを見直したところ、夫婦間で協力し合うことができるようになっていきました。介護や育児を乗り越えていくうえで、夫婦が協力し合うことの大切さに気づくことができました。

介護に対する心境が変化したのは介護の勉強会に参加したことがきっかけでした。勉強会を主催する支援者の方から「何か困ったことがあったら連絡して」と名刺をもらったことが支えになりました。また、そのつながりで参加した介護者の集まりで、「大変だよね」とねぎらってもらったことにも救われました。

●家族で乗り越えるダブルケア

義母とは距離を保っていましたが、夫がみんなで一緒にいる時間を増やそうとしてくれました。長男が義母を慕い、義母と楽しく遊んでいる姿を見るとLさんも嬉しくなりました。そんな日々を過ごすうちに、Lさんもようやく落ち着いて義母とも話せるようになりました。

今では自営業の夫の仕事を手伝い、義母を家に招いて家族みんなで一緒の時間をもてるようになりました。以前だったら考えられなかったことです。かまえずに、ゆったりした時間をもつことが、ダブルケアではとても大切だと感じているそうです。

支援の視点とポイント

保健師の視点

産後でご自身の体調もすぐれないなか、慣れない育児に加え、認知症の義母とやりとりを続けることは、負担が大きかったと思います。

Lさんのように、自身の体調不良、慣れない育児による疲労、夫婦間におけるダブルケアに対する認識の相違、義母の認知症による症状など、さまざまな要因が複雑にからみ合っている場合、要因を明らかにしたうえでアプローチする優先順位を決定しなくてはいけません。その際、当事者であるLさんのみではなく、家庭を構成している夫や長男、義母それぞれの視点からアセスメントすることが必要です。

Lさんは子育ての会や介護の勉強会などピアサポートを得て、Lさん自身と家庭について客観視し、Lさんなりの家族を形成されており、専門職による支援がすべてではないことを物語っています。ピア（仲間）だからこそわかることや伝えられることがあります。

ピアサポートは重要かつ貴重な社会資源であることを意識し、普段からどのような活動を行っているのか、どのような対象が参加しているのか知っておくことが大切です。地域生活における主役は、そこで生活をしている住民の皆さんです。そして、自治体の保健師をはじめ地域で活動する専門職は、地域住民が健康に過ごすことができるよう、自ら地域に足を運び、顔の見える関係づくりを推進する必要があると考えます。

ダブルケア支援団体の**視点**

結婚を契機に義母の介護、その後長男を出産してダブルケアラーとなったケースです。出産後の体調が思わしくないなか、乳児の世話をするだけでも大変なときに、認知症の義母の言動がストレスとなって、心身の不調を起こしてしまったようです。

現在は産前・産後の育児や家事に支援が必要な家庭に、ホームヘルパーが訪問し支援してくれるというサービスがあるので産後うつになる前に、このようなサービスの利用を検討するといいと思います。Lさんの場合は、月1回訪問に来てくれた保健師が、子育ての会や介護の勉強会を紹介してくれたことにより、その会に参加してみることで夫との関係性を客観的に見つめ直すことができたのはとても大きかったと思います。

ダブルケアには夫婦のパートナーシップが欠かせません。仕事で忙しいからと遠慮して、一方的に不満をぶつける前に、子育てや介護について自分がどう思っているのか、夫婦で話し合ってお互いの状況や思いを共有することが大切です。Lさんの場合、夫がLさんと義母との関係性改善に配慮してくれたおかげで、Lさんも長男も、義母との距離が縮まりました。きっと家庭内の雰囲気もよくなったことでしょう。

Lさんが言うとおり、ゆったりできる時間の確保は必要です。ダブルケアではなかなか時間の確保が難しいですが、家族内で協力したり、いろいろなサービスを活用して自分のための時間をつくることを強くすすめます。

ダブルケア経験者の**視点**

Lさんは、産後、体調がすぐれない日々が続いていました。ただでさえ、産後は体調に大きな変化があるだけでなく、生活自体が赤ちゃんのペースとなります。夜間の授乳等で生活のリズムが大きく変わり、それだけでも精神的に不安定になりがちです。そのような状況のなかで、義母の認知症の症状ゆえの育児に対する意見は、Lさんにとって大きな負担になっていったことと思います。私自身、産後は家族以外と接する機会も少なく、赤ちゃんのお世話が昼夜問わず続き、社会から断絶されたようなふさぎ込んだような気持ちになったことを覚えています。

その後Lさんは、保健師や子育て支援団体、ピアサポートの支援団体などとつながり、自分の気持ちを語れる場が増えました。その結果、Lさん自身に変化が現れました。やはり、自分自身の状況を語ることで、客観的にとらえることができるようになり、自身の家族に対する向き合い方を変えることができた点は素晴らしいと思います。誰かに気にかけてもらえることが、子育てや介護で孤立感を感じている方にとっては大事な心の栄養になるのだと、ダブルケアを経験した者としてとても理解できます。

case 13

子どもも介護も仕事も あきらめたくない……。 家族の協力が支えとなり、 すべてをかなえたMさん

事例概要

- Mさん・20代・女性（フルタイム勤務）
  実母が亡くなったことを機に夫婦で実家に戻り、祖母と実父と同居。腰の状態がよくない祖母のケアを担う。家族の協力を得て、出産、育児、仕事、介護、どれもあきらめずに叶えようと奮闘する。
- 主にかかわった専門職：ケアマネジャー、在宅医、助産師、介護職
- 制度・つなぎ先：機能訓練型、産後サポート、地域包括支援センター、保育園
- キーワード：仕事、出産、産後ケア

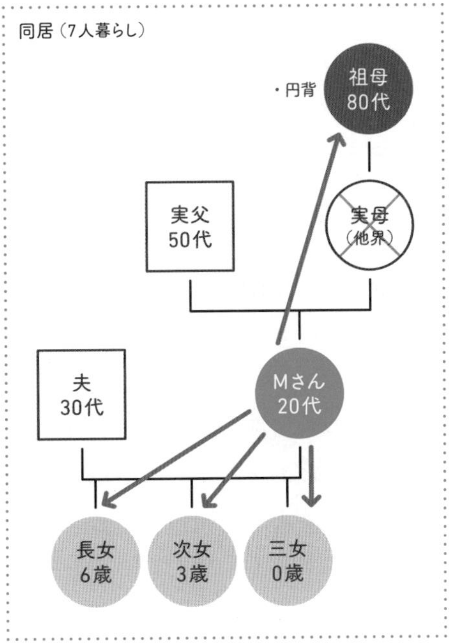

【エピソード】

●ダブルケアが始まるまで

Mさんは実母が亡くなったことから、夫婦でMさんの実家に住むことにしました。実家には80代の母方の祖母と50代の父親が同居しており、4人で暮らすことになりました。一人娘を亡くした祖母は精神的に不安定になりましたが、まだまだ自分でできることも多く、Mさんが仕事をすることにも好意的で、食事の支度などを手伝ってくれました。

同居から2年後、Mさんは長女を出産しました。このとき、祖母は円背で歩くことも難しくなり、外出時の介助や入浴介助が必要でした。しかし、50年以上付き合いのある主治医は要介護認定の申請に抵抗があったようで、介護保険サービスは使っていませんでした。Mさんも祖母も介護の知識がなかったため、風呂場や廊下に補助的な手すりを設置するといった住宅改修を自費で行いました。そして、日常生活における祖母の介護は、Mさんが中心になって行いました。

●ダブルケアの始まり

Mさんが次女を妊娠した頃、祖母は歩行困難のため、今まで通っていた病院に行くことが難しくなりました。新たに受診をした病院の医師のすすめで要介護認定を申請することになり、要介護2と認定されました。ケアマネジャーと相談した結果、訪問診療に加えて福祉用具のレンタルと、機能訓練を主に行う半日型のデイサービスに週2回通うことになりました。また、Mさんは介護と育児を両立するために、在宅でもできる仕事に替えました。

次女の出産時にちょうど父親が定年退職を迎え、長女の世話をしてくれました。夫も子育てや家事には積極的で、祖母とも仲良くしてくれました。また、近くに住むMさんの姉は、夫の両親と同居していましたが、出産時のフォローや介護の手伝いをしてくれました。

●一番大変だったとき

Mさんが一番大変だったのは三女の出産のときでした。出産予定日1週間前に祖母が転倒してしまったのです。Mさんは陣痛が起きているにもかかわらず祖母の介護を続けました。入院の前日、翌日の長女のバレエの発表会のため、おにぎりを握ってから夫と病院に行きました。このときは姉に祖母の介護をしてもらい、2人の子どもは父親にみてもらいました。

Mさんは家族が心配だったため、病院には止められましたが、「ちゃんと診察に行きます」と説得して出産の翌日に家に戻りました。このときは、事前に産後ケアを申し込んでいたので、毎日の食事の用意や掃除をしてもらえ、家族が介護のフォローをしてくれたので、Mさんはゆっくり休めたそうです。寝たり起きたりしつつ、徐々に日常に戻っていきました。

●ダブルケアを理由にあきらめない

その数年後、Mさんは祖母を自宅で看取りました。Mさんには理想がありました。「ダブルケアをしていても、仕事ができる。子どもも3人産む。大好きな祖母の介護もする。全部いっぺんにかなえればいいじゃん」。その理想を実現できたのは、家族の協力とさまざまなサポートがあったおかげだと振り返ります。

支援の視点とポイント

助産師の視点

3人の子どもの妊娠、出産、子育てと仕事を並行して行い、同時に祖母の介護、そして自宅での看取りまで、まさにMさんの家族が一致団結して全力で支えてこられたケースです。一番大変だった三女の出産時に着目しました。

経産婦のお産は陣痛開始から出産までの時間が短いため、壮絶な出産だったであろうことがこのエピソードから想像できます。夫とMさんの姉の協力がなければあやうく自宅出産になってしまうリスクもありました。産後すぐに退院するなど家族を支えようとするMさんの気持ちは痛いほど伝わります。妊娠期から地域包括支援センターや子育て世代包括支援センターと連携して、介護と子育て双方向からの支援体制プランの策定が必要なケースだったかと思います。

2017年より子育て世代包括支援センターが設置されました。母子手帳発行時に、子育て世代包括支援センターにおいて母子保健相談員による妊婦面接が義務づけられています。安心して妊娠出産、子育てを行えるよう、必要な支援や制度について一緒に考え、つないでいく役割を担っています。

同居家族がいると、介護ヘルパーには頼めない食事の支度の補助なども、産前より利用できる子育て支援ヘルパーにはお願いすることができます。子育てされている家庭のための支援です。上手にサービスを利用してほしいと思います。

また、上のきょうだいの保育園・幼稚園の送迎や一時預かりなどもファミリーサポートを利用して、できるだけMさんや家族の負担を減らし、産後の母体を十分に休ませることができるよう、支援側が回復に努められる環境を整える必要があったケースです。産後1年間は行政の産後ケア事業の利用が可能ですので、体力と気力の充実をはかり、Mさんご自身を大切にする時間ももってほしいと思います。

ケアマネジャーの**視点**

夫婦で実家に住むことを決めたときには、まさか2年後に介護をするとは思っていなかったと推測できます。新たに受診した医師のすすめで要介護認定を申請し、祖母が要介護2と認定されました。このとき、自宅環境には「福祉用具のレンタル」、医療は「訪問診療」で対応し、機能訓練を目的に「デイサービス」で対応する等、サービス利用につなぐことができたので、ケアマネジャーとしてアセスメントとプランニングが適切にできていたのではないかと思います。

また、このケースではMさんの家族がもっている力をうまく引き出させたと感じます。具体的には、夫が子育てや家事に積極的であること、また近くに住むMさんの姉の出産時のフォローや介護の手伝いがあったことなどが、Mさんが介護を続ける大きな力になりました。ケアマネジャーにとって、キーパーソン（このケースではMさん）以外の家族の支援を利用することは、在宅介護を続けるにあたって、大きなポイントになります。

積極的にかかわってくれる家族がいる場合は、ケアマネジャーとしても積極的にその家族にかかわり、たとえば、サービス担当者会議に参加を促すなど、Mさんの家族とサービス事業所がスムーズに情報共有することによって、さらによい支援が行えるようになります。

また、介護の視点から本人の意向や身体状況をみるとき、家族がどのように生活していきたいかという視点をもつことで、支援の方法が変わります。Mさんの場合「3人子どもがほしい」「仕事もしたい」「祖母の介護もする」といった意向がありました。この前向きな意向に沿って、ケアマネジャーとして介護の側からサービスで支えることで、Mさん家族の生活をより質の高いものにすることができたのだと考えます。

ダブルケア経験者の**視点**

祖母のことが大好きだったというMさん。きっと大変なことが重なってしんどいなと思うことも多々あったことと思います。それでも、祖母のケア、子どものケア、妊娠中のご自身のケアに前向きな気持ちで臨んでいたのではないでしょうか。家族の強力なサポートも心強かったことと思います。家族もきっと、Mさんの頑張りをみて「よし自分も！」と主体的にケアにかかわったのではないかと感じました。

安心して任せられるサービスや頼れる人をたくさんつくっておくこともダブルケアラーにとって大切なことです。そうすることで、Mさんがおっしゃるように、ダブルケアを理由にあきらめなくても済むようになると感じます。

「ダブルケアをしていても、仕事ができる。子どもも3人産む。大好きな祖母の介護もする。全部いっぺんにかなえればいいじゃん」に私も大賛成です。もしも今、自分の人生を削ってダブルケアに当たっている人がいるとしたら、自分の好きなことをする時間、ほっとひと息つける時間をぜひ確保してほしいですし、その時間をもてるように周囲の人が主体的にかかわってあげてほしいと思います。ダブルケアラーであっても、自分の夢は決してあきらめなくてもよい社会になっていくことを、私も同じダブルケアラーとして切に願っています。

case 14

子育てと仕事、さらに祖母と義父母の介護にキーパーソンとしてかかわったNさん

事例概要

- Nさん・20代・女性（介護職）
  祖母と義父母の介護、2人の子どもの育児、さらには仕事もこなしていたNさん。「大切なことランキング」や「家族全員年表」で物事の優先順位を「見える化」し、60％できたら上出来の気持ちでダブルケアに取り組んだ。
- **主にかかわった専門職**：ケアマネジャー
- **キーワード**：夫の支援、介護職
- **制度・つなぎ先**：訪問介護、訪問看護

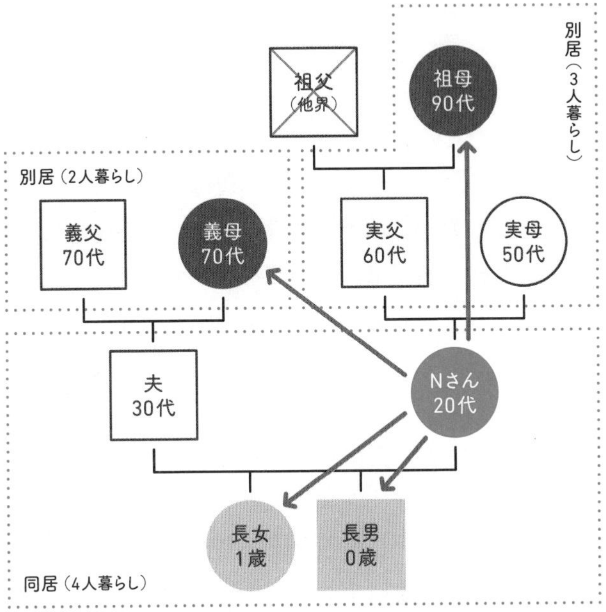

【エピソード】

●ダブルケアの始まり

Nさんは介護職として働きながら1人暮らしをしていました。24歳のとき、90歳になる祖母が倒れ、両親が主介護者として祖母と同居することになりました。しかし、両親は介護のやり方がわからないのでNさんも手伝うことになりました。結局、Nさんがキーパーソンとしてケアマネジャーとのやりとりを常時行い、大事な判断もすべてNさんが任されるようになりました。

その後、Nさんは結婚して2児を出産。産休明けから非常勤として仕事に復帰しました。子どもを育てながら祖母の介護を行い、仕事もこなす日々が始まりました。このとき、祖母は要介護3。仕事復帰したことで忙しくなり、思うように祖母の介護ができないという歯がゆさを感じながらの生活でした。当時の生活の優先順位は子どもが1番であり、2番目は仕事でした。夫は祖母のことを理解し、好いてくれました。祖母もそんな夫のことを信頼していました。

●一番大変だったとき

しばらくして、2人の子どもの育児と祖母の介護に加えて、夫の両親の生活支援も行うことになりました。義母は昔から足が悪く入退院を繰り返していましたが、徐々に介護サービスが必要な状態となりました。しかし、祖母も義父母も、介護を受けていることを近所に知られることを嫌がり、サービスの利用に拒否的で、利用開始までNさんは大変な思いをしました。ケアマネジャーに対してはNさんが対応し、やっと訪問介護を利用することになりました。

Nさんは、もともと根が真面目で、介護職であるがゆえに介護のガイドラインが頭にあるため、タスクが多くなってしまうところがありました。そして、子育てと仕事と介護を完璧にできない自分を責めたりもしました。苦しいと思いながらも、悩む暇もなく走り続けているうちに30代があっという間に終わってしまいました。

●優先順位をつけて心の整理をする

たくさんのタスクを抱えたときは、Nさんは物事の優先順位と家族関係を整理するため、「大切なことランキング」と「家族全員年表」を書きだしました。「これは落とせない」というものを書いて「見える化」しました。たとえば、祖母が亡くなるときは、子どもよりも祖母とのかかわりを優先しました。うまくいかなくても身体は1つしかないので、すべてのことを手厚く行うことはできません。Nさんは自分を納得させるためにその都度ランキングを書いて、そのときごとに優先順位を整理しました。

年表に家族全員の年齢を書き出し、「○年が介護の山場」「○年が育児で体力を使う山場」というように整理して、自分が悩んでいることを落としこんでいきました。目指す形の60%できたら上出来であると考え、悔やまないようにしました。自分の悩みを人にぶつけるのではなく、自分のなかで自分と周りに悪い影響を与えないように心がけました。

●一番大切にしたこと

Nさんは、祖母が最後まで元気に祖母らしく生きることを望みました。それが介護予防としても一番よいことを知っていたからです。そのため、家族旅行や買い物にも祖母を頻繁に連れて歩きました。できないことに焦点を当てすぎず、割り切るところは割り切り、Nさん家族も祖母も楽しく過ごすことを大切にしました。

支援の視点とポイント

ケアマネジャーの視点

Nさんは介護職ということもあって、気がつかないうちに自分自身を追い込んでいたのではないでしょうか。ケアマネジャーとしてはNさんのご両親にも介護に参加してもらう役割分担の相談や提案ができたらと思います。

祖母、義父母のサービス利用への拒否的な発言にNさんはつらい気持ちになったと思います。ケアマネジャーは同じ介護職としてつらさを共有することで公的サービスへつなぐ手法が見出せたのではないでしょうか。

Nさんは自分で心を整理し、客観的にとらえることができる方です。Nさんが「見える化」した「大切なことランキング」を共有し、そこから必要に応じて介護サービスや子どもたちの支援先、あるいは同じ境遇の介護者の集いなどの情報を提供することができたら、祖母や義父母と向き合う力添えになったと思います。さらに、定期的に「大切なことランキング」を一緒に見直す機会をもつと、Nさんの心の負担軽減につながる支援になるでしょう。

地域包括支援センター長の視点

Nさんは祖母のケア責任、わが子2人のケア責任、夫の両親のケア責任を引き受けながらも「大切なことランキング」を書くなどの工夫をして対処していらっしゃいます。しかしながら、これではNさんの人生はどこへいってしまうのか？ さらにご自身の両親の介護が始まったら、40代、50代もあっという間に終わってしまいそうだと地域包括支援センター職員はみるべきです。

この事例には2人のケアマネジャーがかかわっていると思われます

が、地域包括支援センターとともに一体的に支援を行う必要がありそうです。Nさんを主人公にした個別ケース地域ケア会議を開催するのも1案です。「なぜ1人にケア責任が集中するのか?」がテーマです。

Nさんにケア責任が集中する構造を「見える化」し、もう1つの家族のストーリー（オルタナティブ・ストーリー）を作っていく手助けができるかもしれません。当然もう1つのストーリーは、1人で抱えている膨大なタスクを社会サービスも含む「みんな」で分かち合って取り組むというストーリーです。

地域には第2のNさん、第3のNさんがいるかもしれません。1人でケア責任を背負い込まない社会の実現を目指したソーシャルアクションを行っていくことが、1人ひとりの権利の擁護につながります。

ダブルケア経験者の**視点**

「育児も介護も100%でなければならない」と多くの当事者は考えます。しかも自分だけでやろうとする場合が多いので介護、育児の関するサービスが使えることに気づきません。もしくはサービスを使うことに引け目を感じたり、周りからどうみられるかを気にする傾向があります。特に地方都市ではその傾向は依然、強く残っており、介護をしていることや病気のことも口外できないこともあります。

Nさんのすごいところは自分のタスクを書き出し優先順位をつけているところです。これをケアマネジャーや家族と共有することができたら、もっとよいと思います。基本的に時間に余裕がない当事者には周りが気づいてタスクの整理をすることが有効です。そしてすべてにおいて「100%でなくてもよい」と伝えることが大切だと思います。「一人ではやりきれない」という心のモヤモヤを吐き出せる環境にしないと、どんどん追い込まれてしまいます。

特にNさんのように真面目で、さらにケアにかかわる仕事をしている当事者は、専門職なので大丈夫と思われがちなので注意が必要です。

case 15

右半身不随の実母の介護と幼子2人の子育て。自分の居場所を求めて仕事を始めたOさん

事例概要

- Oさん・30代・女性（専業主婦、後にパート）
  実母の介護をきっかけに両親と同居。父親も夫も仕事が忙しく、子育てと介護を1人で担う。子どもが小学校に上がったのを機に、自分の居場所を求めてパートを始めた。介護保険サービスをフル活用することで生活を整えている。
- 主にかかわった専門職：ケアマネジャー、歯科医、栄養士、言語聴覚士、訪問看護師、医師
- キーワード：介護保険サービス
- 制度・つなぎ先：デイサービス、幼稚園

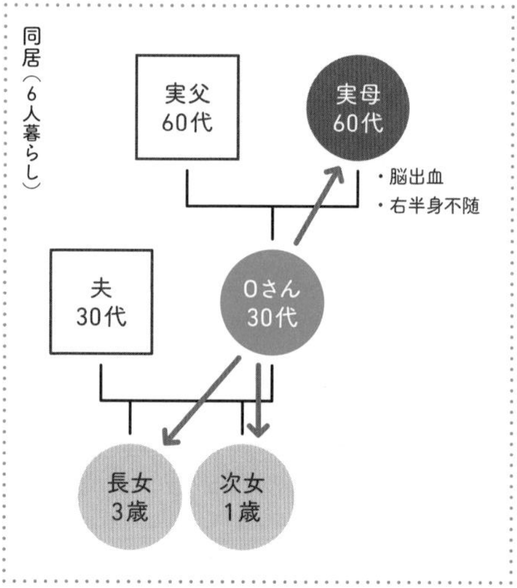

【エピソード】

●ダブルケアの始まり

Oさんのダブルケアが始まったのは、子どもが3歳と1歳のときのことでした。上の子の幼稚園の入園式前日に母親が脳出血で倒れてし

まったのです。一命はとりとめましたが、右半身不随になりました。母親は退院後に自宅に戻ることになりましたが、父親は仕事をしていたため、Oさん一家が同居して介護を担うことになりました。

当初、Oさんには介護という認識がなく、母親に何とか元の状態に戻ってもらおうと、積極的にリハビリを受けてもらいました。しかし、2年後に3度目の脳出血で倒れてから一気に介護度が上がってしまいました。父親も夫も仕事が忙しく、母親の介護は専業主婦だったOさん1人で担うことになりました。

●一番大変だったとき

ある朝、母親がトイレで粗相してしまったときのことです。母親は自分で何とかしようとしてトイレを便で汚してしまいました。そんな母親をOさんはつい怒鳴ってしまい、母親は声をあげて泣きだしました。母親を立たせたままで掃除をしていると、幼稚園のお迎えのバスの時間が迫ってきて、時間がないのに子どもたちは用意もしないでケンカを始めました。トイレは便で汚れ、母親も便まみれで泣いていて、幼稚園のお迎えのバスが来るのに子どもたちはケンカしている……。この状況に、Oさんは消えてしまいたいと本気で思ったそうです。

その後、Oさんは母親と子どもたちの送迎を自分で行うことにしました。初めの頃は、子どもを幼稚園に送っていくと入口で「ママと離れたくない」と泣いてしまうことがありました。Oさんは母親のリハビリの送迎もあるので、ぐずる子どもたちにイライラしてつい怒ってしまい、自己嫌悪に陥りました。

また、母親が誤嚥性肺炎になり、10日間毎日朝晩1時間の点滴のために通院しなければならないときがありました。足元の不安定な右半身不随の母親と小さな子どもたちを連れて通院するのはとても大変でした。このときOさんは、訪問医療のことを知らず、ケアマネジャーに提案されて初めて知ったそうです。

●介護保険サービスをフル活用

Oさんは上の子どもが小学校に上がった年にパートで働き始めました。家庭だけでは逃げ場がなかったこと、自分の居場所が欲しくて社会とつながりたかったことが理由です。今まで全部自分でやらなければいけないと思っていましたが、仕事を始めたことでホームヘルパーに任せることができるようになりました。また、この年に父親も定年退職を迎え、介護を手伝ってくれるようになりました。Oさんは自分の時間がもてるようになり、心に余裕が生まれました。

現在、母親は要介護4になりました。訪問歯科医に飲み込みやすい装置をつくってもらい、栄養士から食事の指導を受けるようになり、健康状態が安定しました。言語聴覚士によるリハビリ、週3回のデイサービス、月2回の訪問診療、3か月に1回の訪問看護と介護保険サービスをフル活用して生活を整えています。

支援の視点とポイント

介護支援コンサルタントの視点

まず、母親が退院後、右半身不随がありながら自宅に戻ることとなった経緯をヒアリングし、Oさんの思いを理解します。そして、在宅生活のなかで何を優先するのかをOさんと一緒に整理していくことが重要です。

経緯をふまえて、Oさんと信頼関係を構築していけば、母親を怒鳴ってしまったエピソードに対しても、気持ちをフォローしつつ「同じことがあれば、いつでもご連絡くださいね。臨時ヘルパーの調整やデイ送迎の見直しなど、できることもありますよ」とお伝えすることができます。

仕事を始めたことを機に介護や育児と距離がとれたことで、冷静さを取り戻したことを評価することも重要です。また、再び1人で抱え込んでしまうことを防ぐためにも「何か対応策が必要なときは、ぜひご相談ください。一緒によりよい方法を考えていきましょう」といった声かけ日頃から行うことも大切です。普段から多職種で連携して、Oさんの情報を共有することも求められます。

在宅支援の方針として、母親が穏やかに生活することは必要不可欠です。母・娘の関係上、Oさんがどうしても抱え込んでしまうのであれば、Oさんとの信頼関係を大切にしつつも、ショートステイや入居などの提案も必要となる局面があるかもしれません。

幼稚園教諭の**視点**

着目したのは、幼稚園の入園式の前日に、園児の祖母が倒れてしまった場面です。もし、大事な入園式を欠席あるいは遅刻する場合、園と保護者（Oさん）で連絡を必ず取り合います。その電話で、ご家族の現状を少しでも知ることができたのなら、育児負担を軽減できるような支援があることをまずお伝えすると思います。

入園式が終わると、多くの園が午前保育等、保護者から離れることに少しずつ慣れるようにと短時間の慣らし保育が始まります。直近のことが大きく負担になってくることが簡単にイメージできます。

そのため、バスの送迎時間の変更や、園によっては預かり保育の利用も可能です。事例のなかで、バスのお迎えの時間が迫っているのに、次々と困難な状況が重なる様子がみられました。時間が決まっている母親のリハビリへの送迎と子どもたちの園への送迎を1人で担うのは本当に大変なことです。依頼できるサービス内容は自治体ごとに異なりますが、預かり保育がない場合は、ファミリーサポートやベビーシッターなどもあります。

2人が同じ園であれば送迎が1回で済み、一緒に一時保育を利用したりできます。介護を理由に保育園という選択肢も考慮に入れれば、視野が広がるのではないかと考えられます。

Oさんの負担が少しでも軽減できるよう、3歳児とのかかわりを大切にして、様子をその都度、園長や職員間で共有し、少しでも寄り添うことができたらと思います。

ダブルケア経験者の**視点**

母親が倒れた当初、Oさんはなんとか母親に元どおりになってほしいとリハビリを受けさせました。Oさんはインターネットでいろいろな情報を集めていましたが、介護保険制度に結びつかなかったのは、母親の年齢が60代とまだ若かったため介護という認識がなかったからです。ネット上には多くの情報がありますが、自分が検索したことしか調べられませんし、たどり着いたとしてもそれが自分に必要なサービスだと思えないかもしれません。自分では知りえないけれど、必要な情報が本人に届くように、周囲のフォローが必要だとこのケースで強く思いました。もし介護保険サービスを使っていたら、Oさんはもう少し楽な介護ができたと思うからです。

また、Oさんは夫に対して、自分の親の介護のために同居してもらったという意識から遠慮があり、相談や協力を求めづらかったと思います。専業主婦のため、家のことを完璧にやらなければならないというプレッシャーも感じていたことでしょう。

Oさんが自分の時間をもてる心の余裕ができたのは、社会とつながり、自分の居場所をみつけたからです。介護保険をフルに使って自分の時間をもつことに抵抗のない社会になることが望まれます。職場を逃げ場ではなく、自分の人生を充実したものにするために働く。そんな家族支援にもつながるケアプランをケアマネジャーには作成してほしいと思います。

case 16

東日本大震災の混乱のさなかで第2子を里帰り出産。実母の介護と子育てが重なり、精神のバランスを崩したPさん

事例概要

- Pさん・20代・女性（専業主婦）
  里帰り出産のため東北の実家に帰省中に東日本大震災に遭う。混乱のさなか実母が脳梗塞を起こして倒れ、自身は出産、そして育児が重なり、精神的に不安定になる。

- 主にかかわった専門職：助産師、医師、保育士
- 制度・つなぎ先：病院、保育園
- キーワード：東日本大震災、脳梗塞、里帰り出産、遠距離介護、ヤングケアラー

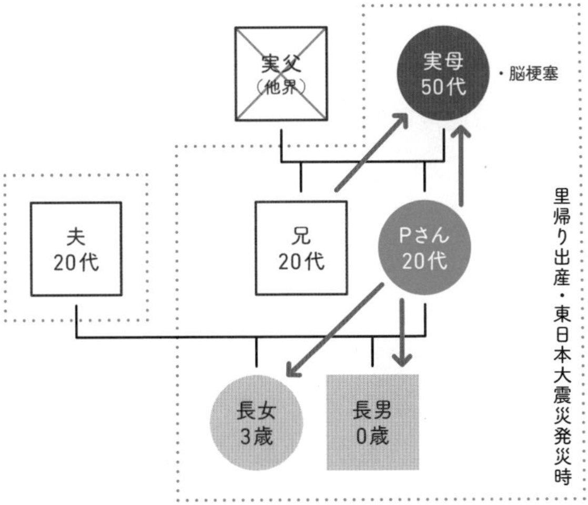

【エピソード】……………………………………………………

●東日本大震災の混乱のなかで

Pさんは、3歳の娘の育児をしながら夫と3人で暮らしていました。第2子の妊娠中で、妊娠6か月になるかならないかというところで、切迫早産のため婦人科に入院、手術をしました。

退院後は自分自身の状態も娘の育児もつらく、実母の支援を求めて、長女を連れて東北の実家で暮らすことになりました。そして実家に移動してから3か月後に東日本大震災が起こりました。実母は寝ずに食料品、その他の備蓄の買い出しに奔走してくれましたが、その疲れがたたったのか、3日後に職場で脳梗塞を起こし倒れてしまいました。実母が入院したとき、Pさんは妊娠9か月でした。車いすを兄に押してもらって実母の入院のお見舞いに行きましたが、医師からは「なるべくお腹が張らないように自宅安静を」と言われていました。

●一番大変だったとき

実母は2週間あまりで退院しました。体力が戻るまで杖をついて過ごしましたが、幸い麻痺も残らず、言語障害もなく退院できました。しかし、実母もPさんも家事や育児ができない状態だったので、兄の買い出しやコンビニの宅配に頼りながらの生活になりました。そして、実母の退院から2週間後にPさんは第2子を出産しました。震災から1か月後のことです。

毎日大きな余震が続き、Pさんは精神的に不安定になりました。母も自分も娘も守らなければならないというプレッシャーで押しつぶされそうになりました。しかし、食事の用意もできないし、スーパーの棚には何もないという過酷な時期でした。

Pさんは不整脈がみられるようになり、家から出られなくなりました。そこで、実母を残し、夫のいる東京に戻ることにしました。東京も大変な状況でしたが、夫は協力的で娘の保育園の送迎や食料品の買い出し、食事づくりなどを担ってくれました。

しかし、そのことが逆にPさんを追い込んでいきました。Pさんは毎日「早く元気にならなくちゃ、しっかりしなくちゃ」と自分を急き立てました。また、実母を残して東京に戻ってきたことに罪悪感を抱きました。加えて、放射能の影響を心配した夫の両親から、子どもを外に出さないように、公園で遊ばせないように、食べ物はこうしないといけないなど、毎日メールや電話がかかってきて、精神のバランスを崩してしまいました。

●一家で引越して介護を担う

最悪の時期を乗り越えた1年後、Pさんは実母のために毎朝8時までにおかずを3品作って、当日届く宅急便で送れるほど回復しました。しかし、母親は心房細動を起こしてしまい、定期的な通院が必要となりました。月1回の実母の通院には、Pさんが東京から子どもを連れて実家に帰り、付き添いました。

この頃、夫の祖母も認知症を発症し、義父母は祖母の介護サービス利用の準備や送迎などに時間を縛られて疲れてきっていました。義父母だけでは介護を担えなくなったのでPさん一家は、夫の実家に引越して同居することにしました。Pさんと夫は幼なじみだったので実家も近く、Pさんは実母と夫の祖母の介護を手伝うことにしました。

最近になって、Pさんのことをずっと気遣ってくれた長女は「私もケアラーだよね」と言います。夫も「俺もケアラーだ」と言うそうです。家族で助け合うことは当たり前かもしれませんが、家族だけでは支えきれず限界を迎えることもあります。家族の問題とはいえ、家族だけで解決できないことがあるときには第三者が入り、安心してサービスにつなげることが大事だとPさんは考えています。

支援の視点とポイント

助産師の視点

Pさんは妊娠6か月の時期に切迫早産で入院しています。早産で生まれた場合、在胎週数によっては赤ちゃんに後遺症が残ることがあるため、退院後も子宮の張り止めの薬の内服と自宅安静が必要です。そんななかでの、3歳児の子育ては大きな負担となるため、一番安心して過ごせる実家へ早めに里帰りしたことはよい判断でした。

実家への里帰りが難しい場合は、子育て支援ヘルパーやファミリー・サポート、保育園の一次保育等、生活の支援や長女のお世話等の支援の検討があったかと思います。

少し難しいのは、行政の子育て支援事業は、住民票のある自治体のサービスを受けることが基本であるため、里帰り先では十分な子育て支援事業を受けられない可能性があることです。そのため、里帰り先から戻るまで子育て支援を受けるタイミングが遅くなる可能性があります。里帰り先の自治体が新生児訪問等のサービスを提供してくれる場合もあるので、まずは住民票のある自治体の子育て世代包括支援センターに相談してほしいと思います。

Pさんは、妊娠期からずっと不安のなかで過ごしました。周産期のメンタルヘルスはただでさえ脆弱であり、妊娠期の不安や葛藤は産後の精神症状にも大きく影響します。産後は安心してご自身の身体を休ませ、体力と気力を十分に回復させたい時期でもあり、実母の心配はありましたが、東京に戻ったのはよかったと思います。

このとき、子育て世代包括支援センターの担当保健師や、助産師の訪問型の産後ケア等で、妊娠期からお腹の赤ちゃんを守り、震災のなか無事に立派に出産されたPさんを十分にねぎらい、Pさんの不安や思いを受け止める心理的支援や、肩の荷を下ろして休めるよう生活環境を整える支援（ファミリーサポート、子育て支援ヘルパー等）が必要だったと思います。また、状況によってはセンターで臨床心理士あるいは精神科医のカウンセリングを検討してもよかったかもしれません。

地域包括支援センター職員の**視点**

Pさんは責任感が強い方という印象を受けました。夫がよかれと思った助言や協力がPさんにはプレッシャーになっていました。Pさんの気持ちを受け止める第三者がいたら心強かったのではないでしょうか。

実母は退院後、家事ができない状態になってしまいました。このとき、地域包括支援センターに相談してもよかったと思います。地域包括支援センターには保健師が配置されています。実母の相談に限らず、Pさんの状況も把握したうえで両者を必要に応じて社会資源へとつなげることができたのではないかと思います。

Pさんは、実母を残して東京に帰ることに不安を感じていました。地域包括支援センターがかかわることで、その不安を軽減するためにどうしたらいいのか、検討する機会をもつことができたと思います。また、Pさんが東京に戻っても精神的な負担が増えたことから、早い段階から母子を支援する機関へとつなげることも必要だったのではないかと考えます。

東日本大震災のため、通常の対応は難しかったと思います。平時であれば、実母が入院した病院の医療ソーシャルワーカーや退院支援にかかわる看護師が地域包括支援センターへつなぐとよかったかもしれません。支援者は当事者の全体像を理解し、どこに課題が生じているかに気づくことが求められます。

ダブルケア経験者の**視点**

私も東北在住のため、東日本大震災後に続いた余震、スーパーの棚からは物が消え、沿岸部に住む友人たちは無事だろうか……と不安な日々を送りました。これに加えて、Pさんには実母も長女も自分も守らなければならないプレッシャーがあったのですから、その精神的負担の大きさは想像するに余りあります。

不整脈がみられるなど、体調が不安定になったPさんと長女、生まれたばかりの赤ちゃんにとっては、東京へ戻ることはきっと最善の方法と思うのですが、やはり、ダブルケアのジレンマでしょうか。東京に戻ることに罪悪感を抱き、「早く元気にならなければ、しっかりしなければ」と自分を追い込んでしまいます。とてもつらかったことでしょう。「自分がやらなければ」という責任を感じているダブルケアラーは多くいます。

安心してサービスに結びつけてくれる第三者の介入はとても大切です。最近になって「私もケアラーだ」と話す長女は現在中学生くらいでしょうか。家族みんなで乗り越えてきたからこその発言だと思います。これからは、家族の支えに加えて安心して任せられるサービスや第三者の存在が必須になってくるのだと、改めて考えさせられました。

case 17

義母の認知症ケアと子育て。一度はあきらめた仕事を周囲の支援を得て再開できたQさん

事例概要

- Qさん・30代・女性
  結婚と同時に同居した義母が認知症になり、介護と育児のためにやりがいのある仕事を辞める。長女が小学校に入学したことを機に、ママ友の協力や専門職の支援を受けて、ダブルケアを続けながら仕事を再開することができた。
- 主にかかわった専門職：かかりつけ医、心療内科医、ケアマネジャー、デイサービス職員
- キーワード：認知症、ママ友
- 制度・つなぎ先：デイサービス

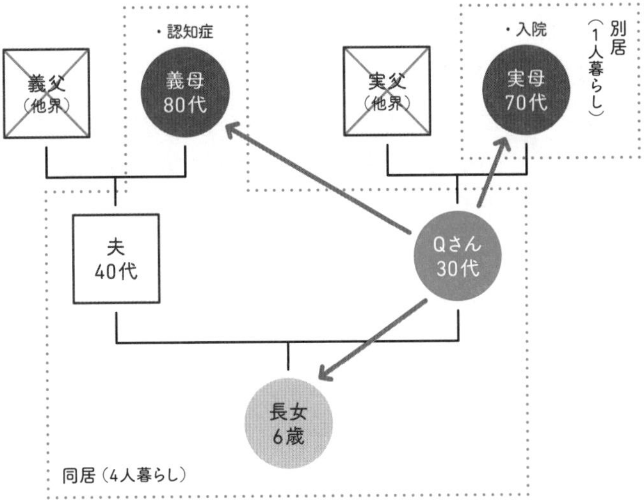

【エピソード】……………………………………………………

●ダブルケアの始まり

Qさんは結婚と同時に義母と同居し、その2年後、長女を出産しました。当初から義母には攻撃的な行動がありましたが、最初は嫁に対する焼きもちからの行動だととらえていました。ところが、徐々におかしな行動がみられるようになりました。たとえば、ゴミの収集癖です。Qさんが仕事から帰ると、家の中は真っ暗で、通帳、傘、家電、指輪、時計など、さまざまな物を玄関に集めてきており、それが毎日続きました。攻撃性はどんどん強くなっていく一方で、食事を作らなくなり、食べなくなって痩せていきました。

訪ねてきた親戚に、義母の様子は明らかにおかしいと言われ、かかりつけの病院に連れていきました。かかりつけ医から専門の心療内科を受診するようにすすめられ、そこで被害妄想と認知症と診断されました。身体的には膝関節症で歩くのが不自由だったので、介護保険を申請し、要介護認定を受けました。Qさんは育児と介護の両立は難しいと判断し、とてもやりがいのある仕事をしていましたが辞めることにしました。

●一番大変だったとき

義母はデイサービスを利用することになりましたが、最初は行くことを嫌がりました。すぐに慣れて抵抗なく通ってくれるようになり、これで生活が安定するかと思われましたが、認知症の症状が強く現れるようになりました。

大みそかにパジャマ姿でバッグを持って道を歩いているのを新聞配達の人が見つけて報告してくれました。本人はデイサービスに行くつもりだったようです。こうしたことが数回続きました。また、失禁も多くなっていきました。自分の便で汚れたパンツをQさんに差し出し「私のパンツじゃない。洗って！」と言うことが続き、最初は後始末をしていたQさんもたまりかねて、紙パンツと紙おむつに変更しました。おむつは本人もすんなり受け入れてくれて、Qさんの負担はだいぶ軽減されました。

さらにその頃、Qさんの実母も体調を崩し、入院してしまいました。Qさんは義母のデイサービスの合間を縫って病院に通いました。ママ友に協力してもらい、子どもの面倒をみてもらったり、代わりに保育園に迎えに行ってもらって、そのまま夜まで遊んでもらったりもしました。ケアマネジャーやデイサービスの職員が理解を示してくれたことも、Qさんの精神的なよりどころになりました。

●仕事に戻ることで気持ちが前向きに

子どもが小学生になり、Qさんはダブルケアになる前に習得した資格を活かして、仕事を始めました。仕事をする選択ができたのは、ママ友やケアマネジャー、施設の人たちの助けがあったからです。家族がチームワークよく動いていることも背中を押してくれました。Qさんは未来に向けて動くことで、気持ちを前向きにすることができたようです。また、心療内科医にすすめられて飼うことにした犬は、家族、特に義母の癒しになってくれています。

支援の視点とポイント

認知症ケア研究者の視点

義母には攻撃的な言動、物を集める、食事を作らなくなるといった様子がみられました。おそらく義母自身も、今までできていたことがうまくいかないことで違和感を覚えていたことでしょう。しかし、そうした変化は徐々に進んでいくため、本人も周囲も病院受診には至らず、普段、生活を共にしていない人の指摘でようやく受診につながるというケースがよくあります。
このように、認知症の早期発見・早期対応は難しく、認知症に関する啓発活動を通して、本人や家族が認知症に気づけるようにすることが大切です。そして、普段かかわっている主治医や他の専門職が、本人や家族からの相談を受けた際に認知症の専門医につなげていくなどの対応が必要になります。
当初、義母はデイサービスに行くことを嫌がりました。こうしたとき、本人に嘘をついたり無理に連れていったりすることは、たとえ慣れて本人が楽しく通うようになったとしても、専門職として行うべきではありません。体験の機会をつくる、あるいはデイサービス以外の居場所づくりの可能性、選択肢を検討するなど、可能な限り本人が主体的に決定できるよう支援を行っていく必要があります。
一方、義母は知らない間に1人で外に出てしまう行為やトイレの失敗など、介護者にとって大変負担となる症状がみられました。認知症が進むなかで、本人もさまざまな生きづらさを感じている時期かもしれません。もしかすると、義母にとって嫁であるQさんから次々と指示されたり世話をされることは、プライドが傷つく状況であり、なんとか気丈にふるまいたいという思いがあるのかもしれません。
排泄の失敗は本人と介護者両者にとって大変つらく、厳しい状況でしょう。このように、BPSD（認知症の行動・心理症状）が顕著になっている時期は、介護者にとって負担の大きい時期です。介護者が休息できる機会や、医療的な介入の検討、介護サービスの利用を増やすなど、積極的な対応をしていく必要があります。

地域包括支援センター職員の**視点**

義母の異変に気づいた早い段階から、心療内科の受診や介護認定申請などを行ったことは、とてもよかったと思います。ただ、やりがいのある仕事を辞める決断は育児と介護の両立が難しいと判断したとはいえ、簡単ではなかったでしょう。

義母には攻撃的な言動や1人歩き、排泄の失敗などがみられました。認知症を患った義母自身にとって、それらの行動には理由があるとしても、介護をする家族にとっては受け入れがたく、大きなショックを受けたと思います。その感情に対して、ケアマネジャーをはじめ、かかわる専門職が理解を示し、必要に応じた助言をすることが支援のポイントだと考えます。

さらに、家族介護者の集いや認知症カフェといった家族の立場で参加できる機会を活用することも有効です。同じような背景を持つ介護者同士の交流から気持ちを共有し、経験談を聞くことでQさん自身が気づきや学びを深め、ケアへの精神的な負担の軽減にもつながります。ダブルケアカフェもその役割を担います。昨今ではオンラインで開催しているものもあるので、そういったものも紹介しましょう。

この事例では、後に実母の入院も重なりますが、家族や友人だけでなく、専門職もQさんの精神的なよりどころになれたからこそ、大変だった状況を乗り越えることができたのではないでしょうか。信頼関係を築き、要介護者本人だけでなく、取り巻く環境である家族を理解し、支援することが専門職には求められます。

ダブルケア経験者の**視点**

子どもの保育園の送迎は時間が定められている場合が多く、緊急事態にどうしようかと悩むダブルケアラーの声をよく耳にします。Qさんはママ友の協力を得て、何とか乗り切ることができました。子育てや介護の緊急事態に、自分以外の人に任せられるように、周りの力を活用している点が評価できます。ダブルケアにおいては、ケアをしている子どもや高齢者がいつ病気で倒れるかわかりません。日頃から、緊急対応が必要になった場合を想定して、誰に、どの部分を任せることができるかを確認しておくとよいでしょう。

case 18

専門職や民生委員、家族会に支えられて自らも「若年介護者の会」を立ち上げたRさん

事例概要

- Rさん・30代・女性（専業主婦）
糖尿病を患っていた父親が亡くなり、母親の認知症が一気に進行。介護に明け暮れるうちに、子どもが不安定な状態になる。相談相手を求めるなかで民生委員や家族会とつながり、自らも「若年介護者の会」を立ち上げる。

- 主にかかわった専門職：ケアマネジャー、主治医、民生委員、保健師（市役所）
- キーワード：一人っ子、認知症、孤立、夜泣き、子どものメンタルケア
- 制度・つなぎ先：有料老人ホーム、市役所（高齢福祉課）、家族会

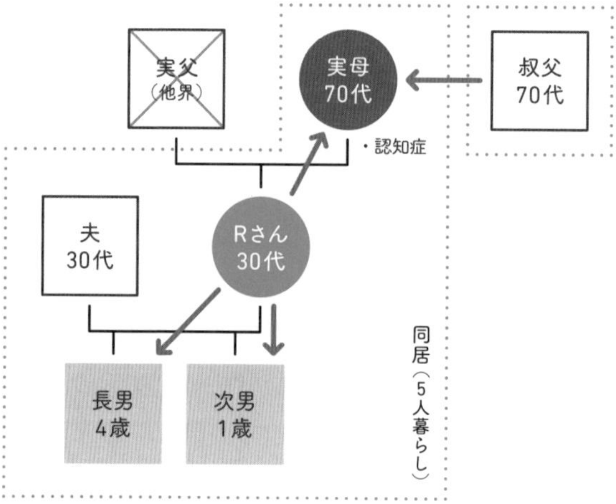

【エピソード】

●ダブルケアの始まり

実父母と同居していたRさんのダブルケアは、糖尿病の父親の看病をしていた母親が認知症になったことで始まりました。父親の介護は基本的には母親が行い、できない部分をRさんがフォローするようにしていました。

ある日、父親が通う病院の看護師から連絡があり、母親の様子がおかしいと告げられました。半信半疑で病院を受診するとアルツハイマー型認知症ということがわかり、要介護1の認定を受けました。その1か月後に父親は亡くなり、そこから母親の認知症が一気に進んでしまいました。

●母親の認知症介護

Rさんの母親は食事の直後でも食べていないと訴えたり、食事を用意していても「私の食べるものがない」と言ったりすることがありました。日常生活でも、洗濯や掃除など徐々にできないことが増えていきました。急激に変化していく母親のケアをする間に、Rさん自身も体調を崩してしまいました。そんな様子をみて、叔父が手伝いを申し出てくれましたが、叔父も自分の親の介護をしていました。

この頃、幼稚園に通っていた長男の夜泣きが始まりました。日中も、ちょっとしたことで泣きだしたり、常にぬいぐるみに囲まれていないとぐずったりするようになりました。出かける際も決まったぬいぐるみを持たないと、外に出られなくなるなどの変化がみられました。このような状況をケアマネジャーと主治医に相談したところ、母親の施設入所をすすめられました。しかし、すぐに入れる施設がなかったため、隣町にできた有料老人ホームに入所することになりました。

●話ができる場を探して

Rさんは、相談相手がほしいと思いました。しかし、同世代の友人は親の介護はしておらず話が通じません。Rさん自身にも、介護していることが恥ずかしい、引け目に感じるという気持ちがあり、周囲の目を気にして孤立していきました。そんなときにケアマネジャーが民生委員につないでくれました。その民生委員は、偶然にもRさんの同級生の母親でした。すぐに訪ねてきて、じっくり話を聞いてくれました。 そして「何かできることがあったら、いつでも相談してね」と言ってくれ、Rさんは本当に嬉しく思いました。

民生委員に市役所の高齢福祉課の保健師を紹介され、家族の会に参加するようになりました。そこでは家族ならではの悩みや愚痴を話すことができました。年齢の近い参加者もおり、Rさんは「若年介護者の会」を立ち上げました。家族の会にかかわるなかで、周囲から「介護していてかわいそう」という反応を感じなくなったとき、母親の認知症を受け入れることができた、とRさんは語ります。そこから、母親のことを家族みんなで話せるようになったそうです。

支援の視点とポイント

民生委員の視点

ダブルケアラーは同じ境遇の人が周りにいることが少なく、一人っ子の場合は、精神的にも体力的にも負担が大きくなります。慣れない育児と介護で余裕がないため、子どもにも不安が敏感に伝わってしまい、1人で抱え込んでいたRさんは大変だったことと思います。地域の民生委員が同級生の母親だったことは、話しやすくてよかったのではないでしょうか。また、Rさんは積極的に仲間づくりを始めているので、これからも同じような状況の方の助けになるような活動を続けてほしいと思います。

私が民生委員として心がけていることは、挨拶だけでもよいので、日頃から声かけをして、話しやすい存在でいることです。家族と話しやすい関係づくりができていると、変化に気づいたときに話しやすく支援につなげやすくなります。また、近所の方から「最近○○さんの様子がおかしいと思う」と教えていただき動くこともあります。民生委員1人では大変ですが、地域の方の見守りが多いと、大人も子どもも変化がわかりやすくなります。やり過ぎると監視になりますが、地域で優しく見守ることができればよいなと思います。

私自身もダブルケアをしながら仕事をしていました。周りの人に助けていただいたので、ダブルケアラーが1人で抱え込んで、追い詰められることがないように、自分の経験を活かしてアドバイスをしています。

認知症の人と家族の会会員の**視点**

ダブルケアラーにとって「自分の話を聴いてほしい」「誰かに話したい」という欲求が満たされ、頼りになる存在を得ることは、とても大切です。これは、介護に携わる誰もが抱く感情です。特に両親の介護と子どもの揺れ動く心を受け止めなければならないRさんにとっては、とても必要なことだと思います。Rさんは「相談相手がほしい」と感じていました。「その人の立場になって理解し、深く一緒に考えてくれる人、頼りになる人」がそばにいることが大きな支えとなるのです。Rさんの場合、幸いにもじっくりと話を聴いてくれる民生委員がいたこと、家族の会に参加し「悩みや愚痴を話すことができた」ことで、介護地獄から救われたのだと思います。

民生委員や家族の会の人たちは「介護してかわいそう」と単に同情を示すのではなく、自分のことのように共感し、Rさんの心に寄り添うことを大切にしていたことがわかります。特に家族の会は、同じ体験をしている仲間同士が毎月集まって本音で話したり、互いの話を聴いたりすることで、今までの体験を受け入れ、そして介護そのものを肯定することにもつなげています。

Rさんは、その後、「若年介護者の会」を立ち上げました。悩んでいる同世代の人たちとともに歩んでいこうとする姿勢には「頼る」から「頼られる」存在に向けての前進が感じられます。ダブルケアの体験を地域社会に還元していこうとすることが、共生社会への一歩になり得るのだと強く思います。

ダブルケア経験者の**視点**

ダブルケアをしていると、子どもが母親の変化に敏感に反応することに驚くことがあります。Rさんの子どもに現れた変化も、Rさんの不安が伝わったからかもしれません。早い段階で、主治医とケアマネジャーに相談できたことが幸いでした。

認知症になり症状が進行していく様子を近くでみるのは本当につらいことだと思います。実の母親の場合は特に受け入れがたいことでしょう。また、Rさんのように一人っ子の場合は、自分がどうにかしなくてはいけないと思い込みやすく、孤立しがちになります。同世代には介護の話は通じず、いつの間にか介護していることを恥ずかしいと感じてしまう人も少なくありません。

心配したケアマネジャーが地域の民生委員につなぐことでRさんのダブルケアは変わりました。顔見知りの民生委員がじっくりと話を聞いてくれたこと、いつでも話していいのだとわかったことで、次の一歩へ進めたのだと思います。ダブルケアは恥ずかしいことではなく、その人の生活の一部です。それを受け入れにくい人もいます。地域の人たちやRさんにかかわる人たちの心遣いでRさんはダブルケアを乗り越えるヒントを見つけたのだと思います。

case 19

実父母の介護と看取り、発達障害のある長男を含む3人の子育てなど、多くの困難を抱えたSさん

事例概要

- Sさん・30代・女性（フルタイム勤務）
  子育てと介護のどちらに重点を置くかで悩み、不安定な精神状態でダブルケアを行う。
- 主にかかわった専門職：保健師、地域包括支援センター職員、療育職員、デイサービス職員
- 制度・つなぎ先：地域包括支援センター、デイサービス、療育センター、放課後等デイサービス
- キーワード：1人っ子、ギャンブル依存、発達障害、不登校

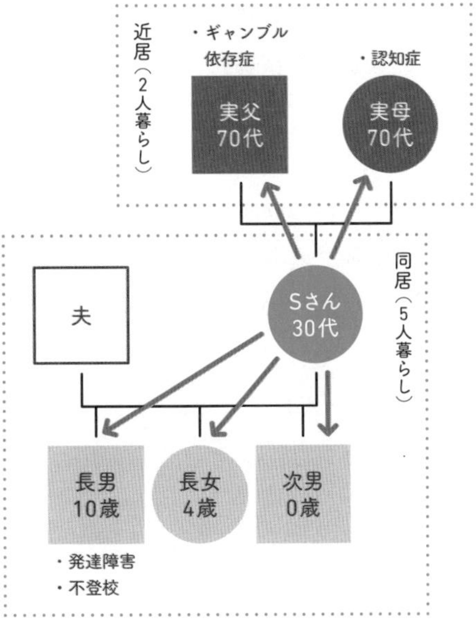

【エピソード】

●両親の介護とギャンブル依存

Sさんが長男を出産後、育休から復帰しフルタイムで働き始めた時

期に、離れて暮らしていた実母がトイレの場所がわからないと言い出しました。Sさんは認知症を疑い、知り合いの保健師に紹介された病院を母親と受診し、脳血管性認知症と診断されました。すぐに地域包括支援センターに相談に行き、要介護認定を申請し、要介護2と認定され、週2回のデイサービスの利用を開始しました。

父親が日常の介護を担い、Sさんは介護保険サービスの手続きや母親の精神的なケアなどを行いました。Sさんは直接的な介護は行いませんでしたが、母親の認知症の症状や老いていく姿を見るのはつらいことでした。加えて、父親にはギャンブル依存があり、父親に子どもを預けたとき、車でパチンコ店に行き、子どもと母親を駐車場に残して、何時間もパチンコをしていたことがありました。Sさんは、そうした問題も背負い込み、徐々に落ち込むことが増え、暗いトンネルの中にいるような精神状態に追い込まれていきました。

●一番大変だったとき

子どもと親の介護のどちらかに重点を置くと、子どもにも母親にも影響が現れて困りました。たとえば母親のお見舞いに行こうとすると子どもの生活リズムが崩れ、子どもが精神的にガクンと落ち込むと、その影響を受けてSさん自身も落ち込んでしまう傾向がありました。そこで、Sさんはできるだけ深く考え過ぎずにやり過ごそうと思うようになりました。また、つらい出来事はふたをして思い出さないようにしました。

●実母の看取りと子育て

両親のサポートを続けながら、Sさんは長女、次男を出産しました。その間に長男は発達障害と診断されました。それをきっかけに療育センターにつながり、福祉サービス（放課後等デイサービス）を利用できるようになったことで、Sさんは少しずつ前向きな気持ちになることができました。

長男はSさんの両親が大好きでした。両親も長男の面倒をみてくれて、Sさんも含めて、みんなでケアをしあうような状況でした。子どもたちが他の高齢者にも、自然にやさしくケアをしている様子をみて、ダブルケアも悪いことばかりではないと思ったそうです。

実母の介護は7年間に及びましたが、最期は脳梗塞のために亡くなりました。その後も父親の介護は続きましたが、しばらくして亡くなりました。

ダブルケアが終わって2年後に、長男は不登校になってしまいました。Sさんはこれまでの生活が影響しているのではないかと心配しています。ギャンブルで家族を苦しめた父親との関係があまりよくなかったSさんは、父が最期に過ごした実家の片づけが非常につらく、手をつけられずにいます。

支援の視点とポイント

児童発達支援事業所職員の視点

長男は発達障害の診断後、療育センターにつながり、放課後等デイサービスを利用するようになって、Sさんの発達障害に対する障害理解が進んだのだと思います。

自閉症スペクトラムの場合は、対人的コミュニケーションおよび対人的相互交流に障害があるため、友達ができにくく、特に同年齢のなかでは孤立しやすい傾向がみられます。長男はSさんの両親が大好きで、両親も長男の面倒をみてくれたとのこと。祖父母との関係は長男にとって学校とは違う、安心・安全な居場所だったのではないでしょうか。祖父の死後、その家庭内の変化についていけないことが、不登校のきっかけになったとも考えられます。

同時に学校が長男にとって安心できる場所であったかどうか、学校に相談したいものです。一般的には不登校は「友人関係の問題」「本人にかかわる不安」のほか、「学業不振」（学習障害の可能性）などが原因として挙げられます。最近の不登校について、学校側の支援のあり方の見直しが進んでいます。通常の登校だけではなく、生徒児童の個別の状況に合わせての登校にも対応する流れがあります。

学校や支援機関と相談する際に、長男の発達の課題を理解してもらうデータとして、「知能検査」（WISC-IV、田中ビネー知能検査等）の報告書があると理解が得られやすいでしょう。発達・知能検査を受けることで、子どもの個性や子どもがもつ強みを知る手がかりがみつかります。こうしたことは療育センターに相談するとよいと思います。

また、Sさんと長男は精神的に落ち込むと、お互いに影響し合う傾向がありました。2人ともに相談機関とつながり、生活リズムと心の健康の維持を目指してほしいと思います。

保健師の**視点**

Sさんは、3人の子どもの育児に両親の介護など、多重課題を必死にこなし、いつ終わりがやってくるのかわからない、まさに暗いトンネルの中にいるような気持ちだったと思います。

長男が発達障害と診断され、療育センターや放課後等デイサービスとつながったことで、Sさんは前向きに過ごすことができるようになりました。それは、Sさんが抱えていた不安や困り事を療育センターや放課後等デイサービスの職員と共有できたためではないでしょうか。

支援者の立場が異なれば、見えることや気になること、支援できることが異なるのは当然です。だからこそ、各々の立場から対象をアセスメントし、対象のニーズや状況に応じて連携・協働していくことが必要です。そうしたかかわりのなかで、対象がご自身の体験を意味づけ、今後の生き方を選択することを支援していきたいものです。

またSさんの子どもたちのケアも必要です。「利用する、しない」

は問わず、子どもたちが自由に自身の思いを表出できるような場を確保し、スクールカウンセラーやスクールソーシャルワーカーとの連携も視野に入れることが必要であると考えます。

ダブルケア経験者の**視点**

長男は祖父母が好きで、祖父母も長男の面倒をみてくれて、みんなでケアをしあうような状況や、子どもたちが自然と他の高齢者にもやさしくケアできるようになった様子をみて、ダブルケアも悪いことばかりではないと感じたSさん。ダブルケア家庭だからこそ経験できることだと感じました。そこには、やはりSさんの日常的なケアが子どもや両親にもよい影響を与えているのだろうと感じずにはいられません。

ダブルケアには大変なこともつらいことも多くあります。もう消えてしまいたい、いなくなってしまいたいと思うこともあります。しかし、そのなかで、よかったこと、ちょっと笑えることなどを見つけることも、ダブルケア生活には大切なエッセンスかなと思います。

また「心にふたをして思い出さないようにする」ほど落ち込むときには、グンと落ち込む、泣きたいときには思いきり泣くこともあっていいと思います。私自身、誰かに大変な気持ちを話してたくさん泣いて、少しスッキリしたことがあります。泣くことは心のデトックスにもなっているのかもしれないとそのときに気づきました。安心して泣いていい場所・人が、ダブルケアラーの近くにあることをいつも願っています。

case 20

老老介護の実父が虐待。子育てと仕事、自身の病気のため、介護にかかわれないジレンマに苦しんだTさん

事例概要

- Tさん・40代・女性（フルタイム勤務）
  パーキンソン病の実母を介護する父親を気にかけながらも、自身にも病気がみつかり、多くの課題を抱えて悩む。
- 主にかかわった専門職：ケアマネジャー、ホームヘルパー
- 制度・つなぎ先：デイサービス、訪問介護（夜間）、ダブルケア支援団体
- キーワード：老老介護、介護ストレス、虐待

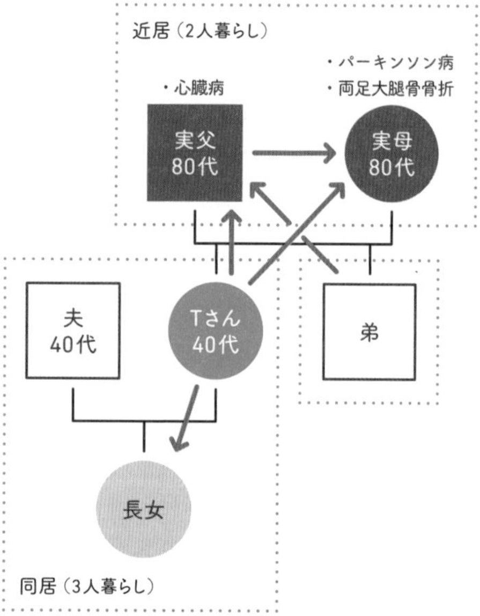

【エピソード】

●老老介護をする両親と子育て

Tさんは長女を出産後、近くに住む母親に子育ての協力を得ながら資格を取得し、仕事を再開しました。家を空けることが多くなりまし

たが、子どもの世話は両親が申し出てくれました。しかし数年後、母親がパーキンソン病であることがわかりました。発病当初は、父母とも自分たちで生活ができていたので緩やかに見守り、Tさんは気にかけながらも仕事や子育てに忙しく過ごしていました。

しかし、その数か月後、母親が転倒し、右足大腿骨を骨折して手術をすることになりました。さらに手術後のリハビリ中に左足大腿骨も骨折してしまい、介助がないと日常生活が送れなくなりました。加えて、パーキンソン病の薬の影響から幻覚に苦しむようになり、介護をする父親もつらそうでした。この頃からデイサービスや訪問介護を利用するようになりました。

●父親の介護ストレスを心配する日々

数年間、父親が中心になって母親の介護を行っていました。母親は夜中のトイレの訴えが頻回で、その都度添い寝をしている父親が対応していましたが疲弊してしまいました。そこで、夜間の訪問介護を週4回に増やしました。父親は毎日来てほしいと希望しましたが、人手が足りず事業所から断られてしまいました。この頃、父親にも心臓病がみつかり、相当ストレスがたまっていることがうかがえました。

母親の動作はますます緩慢になり、できないことが増えてきました。そんな母に対して父はもどかしさからか、手をあげるようになっていきました。トイレに連れていくときにお尻を叩いたり、食事のときに手を叩いたりするようになり、母親は恐怖からTさんに助けを求めました。しかし、その頃、Tさんにも病気がみつかり、育児と家事、仕事に自身の治療も加わり、思うように実家に行くことができませんでした。

●自分をケアしながらのダブルケア

Tさんは病気の治療のため、仕事を2か月間休職しました。ケアマネジャーやホームヘルパーはTさんの事情を聞いて気にかけてくれました。そのことでTさんは気持ちが楽になったそうです。また、ダブルケア支援団体とつながり、話をしたことで今までためらっていた弟へも連絡し、父親の通院などを任せられるようになりました。中学生の娘にはあまり介護の話はしないようにしていますが、話したときは理解して受け止めてくれるそうです。

支援の視点とポイント

地域包括支援センター長の視点

本ケースは、少なくとも母親、父親、そしてTさんの3人がケアを必要としている多重ケア世帯です。自らもケアが必要な人が家族のケアをするという構造が、父親による母親への虐待という形で表面化しています。多重ケア崩壊といってもよい状態です。3人ともがつらい現実に直面しており、地域包括支援センターとしては、3人各々に自分らしく穏やかな日常が訪れることを支援目標としてとらえます。

Tさんについては、資格を活かしつつ仕事や子育てを行うという、自分らしく生きていける状態が目標になるでしょう。両親に対しては、父親による母親への身体的虐待があることを重くみて、2人を分離する、つまり、母親の施設入所を念頭に置いて支援を行う必要があるかもしれません。家庭という場において十分な介護力の供給と父親のレスパイトを考えるならば、小規模多機能型居宅介護の利用を考慮してよいでしょう。

また、本事例では、夜間の訪問介護の回数を事業所の人手不足を理由に増やせなかったという社会課題もありました。介護人材が足りないことは介護保険制度を運営している市町村と市町村を支援する都道府県、さらには制度を設計している国に責任があることを忘れてはなりません。社会に対するアプローチとして、地域ケア会議の場や介護保険事業計画の策定会議等でこの問題にコミットしていくことも私たちに課せられた大切なミッションです。

ダブルケア支援団体の視点

　母親の介護でかかわっているケアマネジャーやホームヘルパーが、Tさんの病気について気にかけてくれたこと。さらに、ダブルケア支援団体とつながり、ダブルケアの状況について話をすることで、弟さんに連絡を取ってみるという次の行動につながったのはとてもよかったことです。ダブルケアラーは自分1人でどうにかしなければならないと思い、自身のことは後回しにしがちです。家族の介護のことも、自分の病気のことも、自分から助けを求めるという発想すらない場合が多いものです。周囲の人が気づき、気にかけてあげることがとても大切です。

　介護と育児のダブルケアで一番ケアラーに近い存在は介護支援者です。要介護者だけをみるのではなく、その要介護者をケアしている家族がどのような状態か、家族の気持ちにも寄り添っていただきたいです。

ダブルケア経験者の視点

　持病がありながらダブルケアを担うことも珍しくありません。近居の両親を緩やかに見守りつつ、自分の子育てを手伝ってもらっていましたが、母親の骨折での入院で生活のバランスが変化します。

　この事例では、高齢の父親が主となって母親を介護していましたが、父親には負担が大きく、1人では介護が厳しくなっていました。Tさんはそのことに気づいていましたが、自分も子育てで手いっぱいだったので、父親に委ねざるを得ませんでした。また、父親も娘であるTさんに負担をかけたくないという思いもあったと考えられます。このタイミングでもう少し介護サービスの介入があるとよかったのかもしれません。

身体的虐待については、母親がTさんにSOSを出し、早めに対応ができてよかったと思います。それが今まであまり話せずにいた弟さんと話すきっかけにもなり、Tさんは1人で抱え込まずに済みました。兄弟姉妹がいても遠慮して話さず、いよいよどうにもならなくなってから初めて相談したという例がよく見受けられます。専門職からみて、家族内でのコミュニケーションが活発ではないと感じる場合は、第三者の介入が有効です。早めに、連絡し合う必要性があることを伝えてあげてください。

case 21

難病の実父母の介護と子育て。家族の支えを得て、仕事との両立を目指したUさん

事例概要

- Uさん・30代・女性
  子育てをしながらALSの父親の介護をきょうだいの妻たちと交代で担う。家族の協力を得て仕事もすることで精神的な充実をはかる。

- 主にかかわった専門職：ケアマネジャー、ホームヘルパー、訪問看護師、医師
- 制度・つなぎ先：療養型病院
- キーワード：介護離職、医療的ケア、ALS、難病、緑内障、

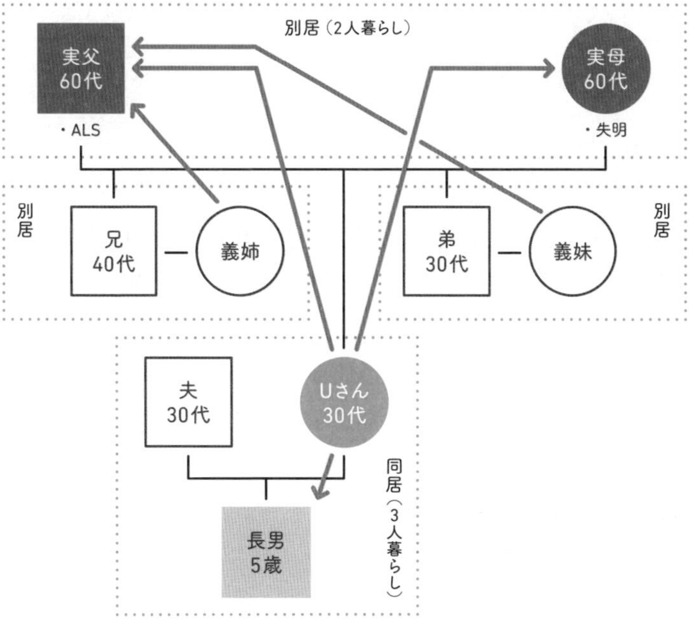

【エピソード】……………………………………………………

●ダブルケアの始まり

Uさんは、商社の総合職として働くキャリアウーマンで、残業も多く仕事中心の生活を送っていました。長男が5歳のとき、育児に軸足を置くために転職するつもりで退職をしました。しかしその直後、父親が筋萎縮性側索硬化症（ALS）という進行性の難病であることがわかり、Uさんは転職をいったんあきらめて子育てと介護に専念することにしました。

4年後、父親は自発呼吸が困難になり、余命半年と告知されました。家族会議では、母親が父親と一緒に生活をしたいと強く希望し、父は気管切開手術を受けることになりました。そして、在宅介護の体制を整えるために介護保険の申請を行い、要介護5の認定を受け、訪問介護と訪問看護の利用が始まりました。当時は母親が外で働いていたため、介護はきょうだいの妻と交代で行いました。Uさんは夫や子どもの協力を得て、1時間半ほど離れた実家に、多いときは週3回程度通いました。

●ダブルケアと仕事の両立

Uさんの長男が中学生になった頃、母親は仕事を辞め、父親の主介護者になりました。このとき、Uさんは育児と介護で自分の人生を終わらせたくないと自分の気持ちを家族に打ち明け、働かせてほしいと頼みました。それからは、子育てと介護に加えて、仕事の両立を目指すことにしました。ダブルケアと仕事の両立は、肉体的には大変でしたが、自分の役割を外で得られたことで精神的には充実しました。

●父親に加えて、母親の介護も

母親は緑内障を患い視野狭窄がありながらも、父親が他界する1年前までは在宅ケアを行いました。しかし、緑内障が進行して失明してしまい、父親の痰の吸引を行うことができなくなってしまいました。それでも両親は在宅介護を続けましたが、母親は何度も転倒骨折し、入退院を繰り返すようになりました。

Uさんには、できれば父親を自宅でケアしたいという気持ちがありました。しかし、母親のケアもあり、父親には療養型の病院に入院してもらうという苦渋の決断をしました。父親が入院する日、介護タクシーで移動中に父親の手を擦りながら「パパごめんね、ごめんね。病院に行くしかなくなっちゃった」と声をかけたそうです。父親が入院してからも、申し訳なさ、切なさが募りました。Uさんにとって、一番大変だった時期はこの頃です。

●夫と子どもに助けられた18年間

Uさんが商社で働いていた頃、半年ほど実家で生活をしていた時期がありました。長男は元気だった祖父の状態が悪くなっていく様子をみていましたが、祖父のところに行くのは嫌ではなく、行くのが当たり前だと思っていたそうです。長男の子どもの頃の夢は「おじいちゃんのような病気の人を助ける医者になりたい」というものでした。Uさんは父親とのかかわりが、子どもの成長につながったのではないかと感じています。

そんな長男も、来年大学を卒業して社会人になります。Uさんの18年に及ぶ長いダブルケアも間もなく終わろうとしています。この間を振り返り、Uさんは夫と息子に感謝しているそうです。2人の協力と理解がなければ両親の介護と育児、そして仕事の両立は難しかったからです。

支援の視点とポイント

ケアマネジャーの視点

Uさんの努力と家族の協力はとても素晴らしかったと思います。しかし、父親が難病の診断を受けてから重症化するまでの4年間、家族のみで介護を担っています。できれば、働きながらでも介護を続けやすいように、訪問看護や訪問リハビリなどの公的な支援を利用すると、よりよい介護ができたのではないでしょうか。進行性の難病では特に、診断直後から進行を遅らせる服薬と運動リハビリ支援が重要です。早期に訪問看護等の専門職による支援が入ることによって、進行を遅らせ、家族が適切な介護技術を学ぶ機会として活かすことができます。

また、それぞれの意思表示が可能なうちに、ご両親を含めたご家族内で治療や介護が必要になったときの生活のあり方に関する思いを共有する機会をもっておくとよいでしょう。何をどう話せばよいかは医師やケアマネジャーなどがお手伝いします。

障害年金などの経済的な負担軽減や介護制度の情報については、診断を受けた医療機関や減免や減額などの手続き相談をする行政の窓口で相談するとよいでしょう。65歳未満の難病の方は、医療・難病・障害者・介護など幅広い支援を受けることができる可能性があります。早い段階から利用可能な制度の情報をもつことで、仕事と育児と介護の両立負担を軽減しやすくなります。

就労支援事業所アドバイザーの視点

子どもが「親が困っているなら……」と自らを犠牲にしてまでも負担を背負うことがありますが、それが結果として父母の支援にならないこともあります。この先、義理の両親の介護など、支援対象が増えたときに、家族だけで介護を抱え込むと、無自覚のままに自分の子どもにも負担を背負わせる可能性があります。専門職は、家族だけで介護を抱え込まないようにかかわることが大切です。

このケースの課題は、父親が進行性の難病に罹患したことではなく、母親の現状認識や病気の受け入れにあるように思います。母親の希望で父親を在宅介護するために気管切開しますが、Uさんら子どもたちの協力を得て母親は仕事を継続しています。また、母親は緑内障が進行して失明しており、自分の病気に対する認識が正しくできていないことも推測されます。

気管切開をした際に、父親に意思決定支援をしたのかという点も気になりました。ALSであれば、呼吸困難や寝たきりとなることが十分予測できるため、父親が会話をできるうちに丁寧な意思決定支援を行う必要があります。それができていたら、自宅介護以外の選択肢もあったかもしれません。

介護をしていたUさんが、自身の人生のために仕事を再開したことは、両親へのよりよいケアを考える意味で、とても重要な選択でした。専門職はこの点を評価・肯定することが重要です。父親を入院させざるを得なかったことは、つらい選択だったと思いますが、その気持ちを受け止めつつ「ご自身の選択に自信を持ってください」と肯定的な声かけをしましょう。そうした会話が信頼関係の構築につながります。

ダブルケア経験者の**視点**

父親が進行性の難病であるという事実を受け止め、当時検討していた転職をやめて子育てと介護に専念すると決めたときのUさんの気持ちを想像すると、おそらくさまざまな葛藤があったのではないかと思います。Uさんが両親の実家まで、1時間半かけて週3回も実家に通う労力を考えると簡単なことではないと思いますが、Uさんが実直にご両親のケアをなさってきた様子が感じられます。

また、Uさんは父親の介護で親族や専門職と連携しながら在宅介護を続けてきましたが、母親の介護が必要になったことで、長年在宅で生活していた父親を療養型の病院に入院してもらうという決断は苦渋の決断だったと思います。父親の入院する当日のエピソードは、いろいろな思いを胸に抱えて介護をしてきたUさんの気持ちを想像すると胸がつまります。

そして、祖父とのかかわりのなかで、長男が祖父のためにできることは何かを自然に探している姿は、子どもの成長を感じさせるエピソードだと思います。ダブルケアは、子どもと高齢者のそれぞれにかかわる時間に限りがあることでジレンマが生じる場合があります。しかし、Uさんは両親にも真剣に向き合いサポートしました。そんなUさんの姿をみることで、子どもは成長していくのだと感じさせてくれる希望をもてる事例でした。そして、Uさんや長男をサポートしてくれる夫の存在も大きいのだと感じました。夫や子どもとコミュニケーションを取り、両親のケアを行える関係性を築くということも、ダブルケアの両立で必要なポイントなのだと思います。

case 22

3人目の子どもの出産直後から、ワンオペ育児と実母の介護に徹したVさん

事例概要

- Vさん・31歳・女性（専業主婦）
夫が単身赴任でほぼ不在という状況で、未就学児2人の育児に励む。実母に脳腫瘍がみつかり、以降、限界まで1人で育児と介護を担う。
- **主にかかわった専門職**：ケアマネジャー、ホームヘルパー
- **制度・つなぎ先**：在宅クリニック、訪問介護、訪問リハビリ、 訪問入浴、訪問美容、幼稚園
- **キーワード**：ワンオペ育児、3人子育て、母親の身体介護、失禁

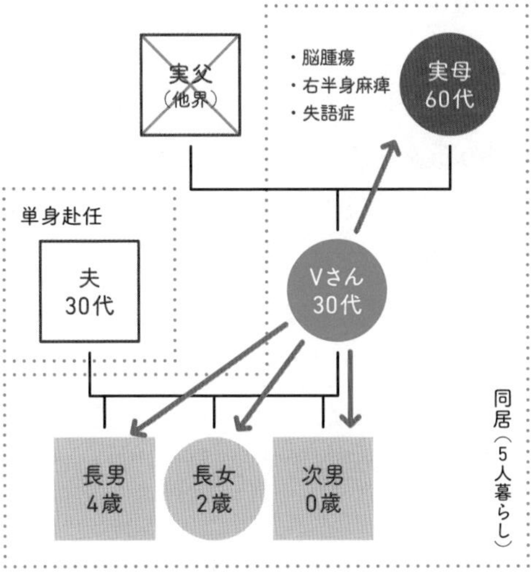

【エピソード】……………………………………………………

●ダブルケアの始まり

夫が単身赴任でほぼ不在という状況で、Vさんは未就学児の子ども2人を育てていました。その頃、実母が体調不良を訴え、頭部のCTを撮ったところ、脳に腫瘍があることが判明しました。

その後の3年間で右半身麻痺と失語症になり、要介護3の認定を受けて訪問介護サービスの利用を開始しました。「娘がやってくれるから」と、本人はあまり介護サービスの利用には積極的ではありませんでした。叔母が手伝いに来て介護を助けてくれましたが、母親はできなくなっていくことが増え、そのストレスをVさんと叔母にぶつけるようになり、家の中の雰囲気が悪化していきました。

●一番大変だったとき

その頃、Vさんは3人目の子どもを妊娠しました。出産の際は、叔母に母親の世話を頼んで入院しましたが、2人の関係が悪かったので、3人目ということもあり、分娩から4日目に無理を言って退院し、自宅に戻りました。帰宅すると、案の定、母親と叔母が言い争いをしていました。「私の作ったご飯を食べない。言うことを聞かない。私はもう知らない！」と叔母が腹を立て、帰ってしまいました。以来、Vさんは1人で母親の介護と子育てを担うことになりました。

母親は失禁が始まっていましたが、おむつとパッドの使用を激しく拒否し、どうしても自分でトイレに行くと言うので、2時間おきにトイレに付き添いました。Vさんは母親の介護用ベッドの隣に布団を敷いて新生児と一緒に寝ました。母親が起き上がったらトイレに連れて行き、排泄を済ませて寝かせます。すると、今度は赤ちゃんが起きて授乳、終えるとまた母親が起きてくる……。Vさんは無我夢中で介護と育児に取り組みました。

そのうち母親はトイレに行けなくなり、便失禁もするようになりました。Vさんが幼稚園の送り迎えをして戻ってくるまでの小1時間の間に、排泄に失敗して下着をつけないで待っていたり、ゴミ箱に汚れた下着が捨てられていたりすることもありました。尿で水たまりになっている床を拭こうにも、赤ちゃんがハイハイしてしまう。そんなときは、「ごめんね、待っててね」と謝りながらおやつを与えて、駐車場の車の中でYouTubeを観せて待たせることもありました。

こうした状況をみかねた母親のケアマネジャーやホームヘルパーが「もう見ていられない。どうにかしないと倒れてしまうよ」と、Vさんのレスパイトにつながるサービスを検討してくれました。その結果、訪問リハビリと訪問入浴を利用することになりました。こうした支援を受けて、Vさんの介護と育児は徐々に回り始めました。

支援の視点とポイント

助産師の視点

Vさんの状況に気づいた専門職が、子育て世代包括支援センターの保健師につなぐことが望ましいケースです。Vさんは夫が単身赴任中のため、1人で未就学の2児の子育てと母親の介護をしており、この時点で何かしらの子育て支援を受けていてもおかしくない状況でした。さらに3人目の妊娠がわかった時点で、産前から子育て支援ヘルパーやファミリーサポートなどの支援を活用してもよかったと思います。

介護の渦中にあるとき、自身の置かれた状況に限界を超えても気づけず、また制度や支援を知らないまま、1人で抱え込んでしまう方は多いものです。子育て世代包括支援センターでの妊婦面接時（義務づけられている）や、病院の助産師が産後の母親のサポート体制を確認し、必要なサービスを利用できるよう、地区の担当保健師につなぎ、保健師が地域包括支援センターと連携して、妊娠中から子育て支援と介護支援の双方から母子と家族を支えるプランを考え、体制を整えておく必要があります。

Vさんには産後、安心して身体を休め、体力と気力の十分な回復をはかれるように、介護と子育て双方からの支援体制が必要でした。ご自身を大切にすることが健やかな子どもの成長と家族の幸せにつながることを子育て支援側からVさんにはたらきかけてほしかったと思います。

産後の母親のサポート体制がしっかりと整ったなかで退院される方ばかりではない時代になりました。病院においても、子ども世代包括支援センターにおいても、また新生児訪問や乳児全戸訪問の場面でも、介護と育児のダブルケアを担う妊産褥婦の存在を常に意識してかかわっていく視点が必要です。

ケアマネジャーの**視点**

着目したのは3人目の出産をしたところです。Vさんは2人の子どもと、母親と叔母が暮らす家のことを心配して、ゆっくり入院をしていることができず、分娩からわずか4 日目で無理をして退院してしまいます。

ケアマネジャーとしては、この退院のタイミングで、サービス担当者会議を開いて今後の支援体制を見直していく必要があったと思います。介護サービス量を増やし、叔母も含めて、介護や育児の役割分担をしていくことを検討できれば、その後の大変さを軽減できていたかもしれません。

さらに、3人目の子どもの妊娠・出産の前から、2児の育児と母親の介護を行う体制のなかで、Vさんの抱える負担について着目していれば、出産を待たずとも、事前に出産後の育児・介護体制についての相談や準備ができていたかもしれません。本当にギリギリの状態ではありましたが、介護サービスの見直しを行えたのはよかったと思います。

ケアマネジャーには母親の介護のことしか相談できないといった遠慮や思い込みがVさんにもあったのかもしれません。そうであれば、そのままにせず、ケアマネジャーから育児の大変さに配慮したはたらきかけが、もっと以前からできていれば状況は変わっていたように思います。具体的にはVさんと叔母、それぞれのメンタルケア（話を傾聴して相談にのること）が必要でした。加えて、子育て支援サービスを紹介し、介護サービスと連携していく検討の必要性があったと思います。

ダブルケア経験者の**視点**

最終的には介護サービスを増やすことができてよかったと思いますが、3人目の子どもの出産後、無理をして帰宅した結果、Vさん自身が体調を崩し、育児も介護もできない状況になってしまった可能性もあります。

3人目の出産前から、Vさんは楽な介護をしていたわけではないのに、出産後の大変な時期になっても介護サービスを増やそうと考えませんでした。サービス利用に対して本人の拒否が強いと、自分が我慢すればいいと考えて頑張ってしまうのです。すでに限界を越えていても、自分の状況を客観視する機会もなく気づかないのです。これはダブルケアとなり多重の責任を引き受けてしまう人の典型的な行動です。

ケアマネジャーがVさんの状況に気づき、半ば強引にサービスを入れてくれたことはよかったと思います。サービス利用によって心理的な余裕ができ、さらにサービスを利用する方向に傾き、難局を乗り越えるきっかけになったと思います。

ただ、子どもに関しては支援を受けていないため、情報収集ができればよかったと思います。乳幼児健診などのシーンで保健師などに話せれば産前産後ヘルパーなどの子育て支援サービスを利用できたのではないでしょうか。

case 23

シングルマザーとして子育てをしながら、BPSDが激しい若年性認知症の父親を周囲の協力も得て介護するWさん

事例概要

- Wさん・30代・女性（自営業、シングルマザー）
  夫と死別後、小学生の長男と2人暮らし。同じマンション上階で1人暮らしをする父親がアルツハイマー型認知症と診断され介護を担う。父親のBPSDに悩まされながらも、近隣住民や商店街の方のサポートを得て在宅生活を継続している。
- **主にかかわった専門職**：ケアマネジャー、デイサービス職員、ホームヘルパー、訪問看護師、小学校の先生、地域の方々
- **キーワード**：シングルマザー、ヤングケアラー、1人っ子、若年性認知症、BPSD、在宅介護、子どものメンタルケア
- **制度・つなぎ先**：デイサービス、訪問介護、訪問看護、小学校

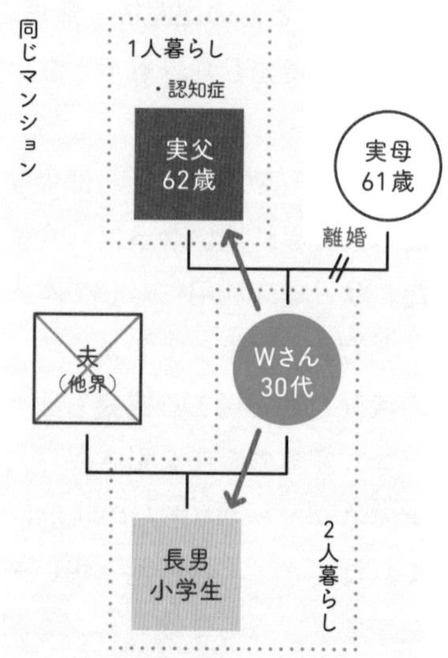

【エピソード】……………………………………………………………

●ダブルケアの始まり

Wさんは自営業を営みながら、シングルマザーとして小学生の息子を育てていました。Wさんと息子が暮らすマンションの上の階には実父が1人で暮らしていました。

父親は62歳のとき、アルツハイマー型認知症と診断されました。すぐに介護保険の申請を行い、現在は週6日デイサービスと訪問介護を利用しています。Wさんは自分の仕事があるため、父親のデイサービスの送迎はホームヘルパーが対応しています。Wさんは仕事と家事に加えて、父親の食事の用意と状況確認、息子の週3回の習い事の送迎などもこなし、多忙を極めていました。

●一番大変だったとき

父親は精神的に不安定な状態で、Wさんと息子はBPSD（認知症の行動・心理症状）に悩まされるようになりました。たとえば、父親は自分で家の鍵を開け、夜中でも頻繁にWさん宅を訪れ、怒鳴り散らすことがありました。また、Wさんが父親に追いかけられて階段から突き落とされそうになったこともあり、小学生の息子が仲裁に入ることもありました。

このようなつらい状況が続きましたが、Wさんは父親の認知症の進行を遅らせたい、父親らしく生活してほしいという思いから、在宅介護を継続しようとしました。その一方で、父親のことが生活の中心になってしまい、息子に精神的な負担をかけているのではないかと心苦しく感じるようになりました。

●周囲の協力を得て父親を介護

Wさんは、息子の小学校の先生に父親の介護のことや息子の置かれている現状について説明しました。すると、先生の間で情報が共有され、学校側でも息子の様子を気にかけてくれるようになりました。このことから、Wさんと息子に安心感が生まれ、精神的なサポートを得ることができました。

また、Wさんは近隣の住民や地域の商店街の方にも、父親が若年性認知症であることを伝えて、症状により迷惑をかけてしまうかもしれないことや見守りをしてほしいことをお願いしました。事情を理解した地域の人たちは父親や息子、そしてWさんのことも気にかけてくれるようになり、父親が1人で歩いていれば自宅まで送り届けてくれる人も現れ、近所の方がサポートをしてくれるようになりました。

支援の視点とポイント

スクールソーシャルワーカーの視点

Wさんの息子は、いつ何があるかわからない状況のなかで母親をフォローし、祖父から追い詰められることへの心配もあり、複雑な心境を抱えていたことが想定されます。その意味で、ヤングケアラーにしてダブルケアラーともいえる側面があるように思います。

母親の大変そうな雰囲気が伝わると、子どもも落ち着かなくなります。子どもは、家族に気持ちを受け止めてもらうことで、安心して目の前のことを頑張っていけるのです。

子どもが受ける影響は、なかなか可視化することはできません。また、子どもが本心や困っていることを正確に言語化して打ち明けることは難しいでしょう。だからこそ、家庭の状況を理解したうえで複雑な気持ちを聞いてくれる学校の先生は、非常に心強い存在となります。さらに、学校での集団生活や勉強も頑張っていることを認めて伝えることで、子どもの情緒が安定していくと思います。

また、家庭の大変な状況を周囲に話すのは勇気のいることですが、

Wさんが地域の人たちに見守りをお願いしたことにより、顔の見えるネットワークが構築され、安心を得ることができました。日々のやりとりのなかで、ニーズを理解し、連携しあう関係性が生まれ、結果的に家庭まるごとを支援する体制が地域の中に整いやすくなります。

ヤングケアラー支援者の**視点**

Wさんの初期対応の判断と行動がとても素晴らしいと思います。父親を病院の受診につなぎ、介護保険サービスの申請や利用の手続きなど、一連の流れを順調に進めていくのは、特に若年性認知症の人の場合、本人も家族も否認や戸惑い、葛藤があり困難になることが少なくありません。

父親の認知機能障害や行動心理症状の程度、要介護度にもよると思いますが、精神的に不安的なときには、ケアラーの立場は心身ともにストレス状態になり、さまざまな悪影響が出てしまいます。ケアマネジャーは、Wさんの心身の健康や社会生活の維持ができるようにケアラー支援をしていくことを意識していく必要があります。

また、Wさんの父親の支援にかかわる主治医、訪問看護師、介護サービスの提供者でサービス担当者会議を開催し、情報の共有や支援方針の見直しを行い、それぞれの役割について確認をしていくことが大切です。また、地域包括支援センターとも協働して、Wさんの父親の個別の見守り体制づくりだけではなく、地域の中で認知症のご本人が主体的に活動できる場を作っていくことも大切です。

長男については、Wさんが学校の先生に連絡したことが大変重要なポイントだと思います。学校として、子どもの見守りや心身の変化に気づけるようになること、そして、子どもらしく過ごせる場、家庭以外で安心して話ができる場としての役割があることを認識することが大切です。

また、Wさんの緊急時や大きな悪影響が生じた場合は、ケアマネジャーが担任の先生と連絡を取ることも大いにありえます。子どもへの支援としては、主任児童委員との情報共有や自治体の子ども家庭支援課等の部署に相談をして、緊急時に利用できる子どもショートステイや家事援助サービス等について、事前に把握していくことも有効です。

ケアマネジャーは、Wさんと家庭全体（父親、子ども）のサポートチームの構成員（医療、介護、学校、児童福祉）について、情報共有をしておくことが、Wさんの負担を軽減する大きな手助けとなると思います。

ダブルケア経験者の視点

Wさんは大変な状況のなかでも、父親の認知症の進行を遅らせたいという思いから、在宅介護の継続を希望しました。しかし、一方で父親の認知症の症状による行動が原因で、子どもに負担をかけていることについて心苦しいという気持ちを抱いています。子どもにも親にもしっかりかかわりたい、しかし身体は1つですから、時間に限りがあります。すべてを選ぶことができずに、大事な家族を犠牲にする感覚がダブルケアのジレンマだと思います。

Wさんは学校や地域の商店街の人たちに、Wさんや息子が置かれている状況を説明するという行動をとっています。家庭内のことを話すのは、非常に勇気が必要だったと思います。それでも、「自分1人で子育ても介護も頑張らない」と決めて、学校や地域の人に話をしたことにより周囲からサポートを得られるようになります。周囲に家庭のことを話して、助けてもらおうと声をかけられるWさんの勇気に学ぶことは多くあります。

case 24

医療的ケア児の長女をショートステイに預け、末期がんの実父の遠距離介護と看取りを行ったXさん

事例概要

- Xさん・30代・女性（専業主婦）
  医療的ケア児の長女の他、2人の育児をワンオペで担いながら、他県の山間部で暮らす両親を遠距離介護。さらに4人目の子どもの出産も経て、父親を末期がんで看取る。

- 主にかかわった専門職：訪問看護師
- 制度・つなぎ先：ショートステイ（医療的ケア児）、訪問看護、保育園
- キーワード：医療的ケア児、きょうだい児ケア、遠距離介護、在宅ターミナルケア

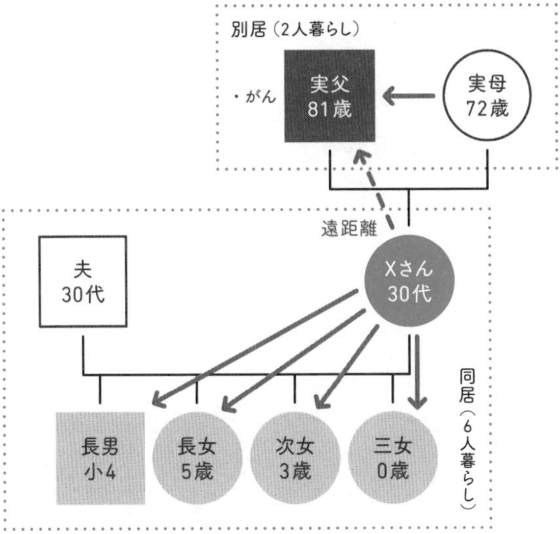

【エピソード】

●ダブルケアの始まり

Xさんは、4歳になる医療的ケア児である長女の他に、小学校3年生の長男と3歳の次女の育児をしていました。両親は車がないと生活が難しい、他県の山間に2人で暮らしていました。

その頃、実父が末期がんであると知らせを受けました。病状が進行すれば、大柄な父親の介護は小柄な母親にとって、大きな負担になることは容易に想像できました。Xさんは、母親を支えたいと思いましたが、医療的なケアを必要とする長女を連れて、他県の実家に帰省することは難しい状況でした。それでも、なんとか長女の預け先を確保して、月に1度は実家に帰っていました。

●医療的ケア児の長女をかかえて

長女は咽頭軟化症のため鼻腔エアウェイを挿入し、夜間は陽圧人工呼吸器を使うなどの呼吸管理が必要でした。誤嚥を起こしやすい状態のため、胃瘻(いろう)から栄養を摂取しており1時間に1回は吸引を行う必要があります。

Xさんは長女のケアの体験から、介護を1人で担うことの難しさを痛感していたので、父親の介護は母親だけに任せるのではなく、積極的に外部のサポートを得られるようにしていきたいと考えました。そして自分は、たとえ遠方に住んでいても母親を精神的に支えられる存在になり、負担を軽くしたいと思いました。

夫は仕事が忙しく休めないため、実家に帰るには長女のショートステイ先を確保する必要がありました。しかし、医療的ケア児が利用できるショートステイの受け入れ先自体が少ないうえに、長女は夜間に呼吸器を使用する必要があり、受け入れ先はさらに限られました。そのため、施設によっては2か月前に予約を入れなければならず、しかも1度で予約が取れることはなく、4回目でようやく予約が取れるという厳しい状況でした。

この先自分に何かあったときのことを考えると、Xさんは娘のケアを担ってくれる人を増やしたいと思いました。しかし、病院のショートステイに長女を預けた後は痰が溜まりやすくなり、体調を崩すこともたびたびあったので、長女をショートステイに預けるときは、いつも申し訳ない気持ちになりました。それでも、1、2か月に1回はショートステイを利用して、他の子どもたちを連れて帰省しました。

●4人目の子どもの妊娠と父親の看取り

その頃、Xさんは4人目の子どもを妊娠しました。そのことを父親に報告し、お腹に孫がいるから頑張ってと励ましました。父親は入退院を繰り返しながらも、Xさんが4人目の出産を終えるまでもちこたえ、無事に孫の顔を見ることができました。

この頃の父親は褥瘡がひどく、むくみも強い状態でした。大柄の父親の身体を小柄な母親が1人で起こすことは難しかったため、訪問看護師が来たときに、一緒に清拭をして、シーツ交換を行いました。父親が亡くなるまでの最後の2週間は、鎮痛剤やモルヒネを使用して、苦痛を和らげる緩和ケアを行いました。この頃、母親は父の隣に寝て介護にあたる生活を続けており、今にも倒れそうなほど疲労がにじんでいましたが、最期まで在宅介護を続けると言って頑張りました。

孫の顔を見せた日から数日後、父親が危篤だという知らせを受けました。Xさんは長女をいつも預けているショートステイ先に緊急連絡をとり、事情を話して何とか長女を受け入れてもらいました。夫は仕事が休めなかったので、他の子どもたちを連れて急いで実家へ帰りました。そして、父親は母親とXさんに見守られながら、息を引き取ることができました。

支援の視点とポイント

訪問看護師の視点

Xさんには親と子ども、両方をケアしたいという気持ちがあり、ジレンマを抱えていたのではないでしょうか。ケアを担ってくれる人を増やしたいという考えは、負担軽減につながる第1歩となったと思います。

母親は最後の2週間、在宅介護を続ける意向で頑張っていました。介護負担軽減のため訪問介護やレスパイト入院、ショートステイ等の選択肢の提案も考慮が必要ですが、夫のお世話をしたいという思いも大切です。気力体力が必要な介護は、満足感や達成感も大きいです。訪問看護師は母親の思いを受け止め、遠く離れているXさんの代わりに精神的に支える必要があります。

月1回の帰郷時に、Xさんが母親の話を聞くことが、母親にとって精神的な支えになっていたと思います。訪問看護師からも時々テレビ電話や見守りカメラ等の通信手段を用いて日々の様子や症状、今後起こり得る予測を伝えるなど、家族をつなぐ役割を担うことができると思います。

長女をショートステイに預けることができても、複数の子どもを連れての移動は大変です。Xさん夫婦で状況を共有できているかを確認し、夫に育児休暇の取得や介護休業制度の利用を検討してもらうなど、夫にも介護や育児の面で協力してもらうことを専門職から提案できたらよかったかもしれません。

父親に孫ができたことを伝えたことは生きる力となり、いい励ましになったと思います。訪問看護師は主にXさんの両親の様子をみることが多いですが、Xさんには折をみて妊娠中の早期から保健師等への相談を行い、子育て支援相談の案内を行うことも家族へのケアの1つとなったのではないでしょうか。

医療的ケア児支援団体の視点

事例のXさんも苦労されているとおり、医療的ケア児を受け入れるショートステイは全国的に不足しています。いざショートステイの利用を希望しても、すぐには利用できません。診察を受け、場合によっては半日程度のお試し利用も必要となります。利用の都度、1、2か月前に予約を申し込む必要があり、しかも必ず予約が取れるとも限りません。

Xさんの場合は、ダブルケアが始まる前からショートステイを利用していたことに加え、複数の施設を併用していたことが功を奏しました。ショートステイの予約は取れないことが多いですが、Xさんは複数か所を併用することで定期的に実家に帰ることができました。また常日頃から利用するショートステイ先ならば、施設のスタッフもその子どものケアに慣れており、預ける親も預けられる子どももお互いに安心して利用できます。

小さい子どものショートステイ利用に関しては、親御さんは利用をためらいがちです。子どもを預ける可能性がある場合は、できるだけ早めに地域のショートステイ先の情報を集め、実際に利用してみるとよいでしょう。

Xさんのようにきょうだい児もいて、親のケアが重なった場合には、障害児向けの支援、一般的な子育て支援、高齢者介護の支援といった複数の分野の支援を必要とします。当事者がいろいろな分野の制度を熟知し、使いこなすのは難しいものです。そのため、支援者は自分の得意分野に限らず、さまざまな分野の制度や支援について知っておくとよいでしょう。

ダブルケア経験者の**視点**

私自身、父親のターミナルケアと子育てを同時に行った経験がありますが、親の命と子どもたちや支援する側の家族の心身のバランスをどのように考えて優先順位をつけるか、毎日気を配り、ときにジレンマを感じていたことを思い出しました。

父のターミナルケアでは、ある日、主治医から「お父さんの残された時間はあと1週間くらいだと思います。会わせたい人に会わせてあげてください」とアドバイスをもらえました。家族としては、具体的に何をするべきかが明確にわかって本当に助かりました。その後、父親に会わせたい親戚や家族を呼んで、父親を囲んで食事会を開催できたことは、今でもよい思い出となっています。当時、まだ小さかった子どもたちに大好きなおじいちゃんの最期の姿を見せられたことは、実体験で命の大切さについて学ぶよい機会になったと思っています。

家族の精神的な受け入れ状態にもよりますが、最期に残された時間の目安やどのような経過をたどることが予測されるのかを教えることで、家族は看取りに向けた準備をすることができます。最後に会わせたい人に会ってもらったり、大事な思い出を語り合い、感謝を伝えることができます。そうすることで、看取りを受け入れられることがあります。支援者の方には、そういった機会をつくるかかわりもお願いできればと思います。

case 25

介護保険の知識がなく、子育てと介護と仕事の両立に苦しんだシングルマザーのYさん

事例概要

- **Yさん・30代・女性（フルタイム勤務）**
  7年に及ぶ祖父の介護で介護保険サービスを使ったのは1年だけ。「もっと楽に介護ができたのでは……」と後悔が残った。
- **主にかかわった専門職：**ケアマネジャー、主治医、民生委員、保健師（市役所）
- **キーワード：**シングルマザー、職場の理解、介護保険サービス
- **制度・つなぎ先：**病院、介護老人保健施設、保育園、精神科病院

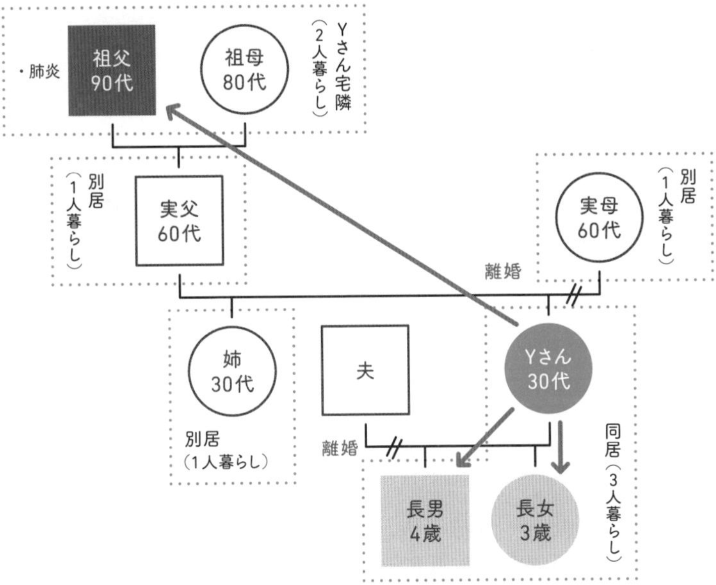

【エピソード】………………………………………………

●ダブルケアの始まり

Yさんはシングルマザーで、保育園に通う2人の子どもと3人で生活しています。家の隣には、Yさんの父方の祖父母が生活していました。祖父は肺に持病を抱えており、70代で現役を引退した後は徐々に体力が弱り、安静にしているときも息苦しそうな状態でした。

祖父の介護は主に祖母が行っていました。Yさんの両親は離婚しており、父親は仕事のため遠方に居住。Yさんの姉も遠方に住んでいたため、主介護者の祖母をサポートする形でYさんのダブルケアが始まりました。祖母はYさんが仕事で遅くなったときは、子どもの保育園のお迎えに行ってくれたり、食事を食べさせてくれたりと、子育てを手伝ってくれました。

祖父は肺炎を繰り返し、入退院を繰り返しました。自宅では歩行にふらつきがあり、トイレで転倒することがたびたびありました。祖母1人では起こせないため、Yさんが呼ばれて手伝っていました。Yさんも転倒している祖父を起き上がらせることは容易ではなく、介護をするうちに腰を痛めてしまいました。

●一番大変だったとき

当時Yさんは、不動産会社で週6日、フルタイムで事務の仕事をしていました。職場が近いこともあり、祖父に何かあればYさんに連絡が入り対応していました。そのため、子どもの発熱や祖父の介護で仕事を休む日が多くなりました。当初、職場の理解は得られていましたが、経営者が変わったときに「状況はいつ落ち着くの?」という言葉が投げかけられ、子育てと介護と仕事の両立が難しくなり転職を決意しました。

幸いなことに祖父の介護費用や祖父母の生活費は年金でまかなえたため、Yさんが介護費用を負担する必要はありませんでした。しかし、

Yさんには子どもたちの教育費を貯金したいという思いがあったので、日中の仕事に加えて夜もアルバイトを複数かけもちして懸命に働きました。その過程で体調を崩してしまい、休日は寝て過ごすことが多くなっていきました。

その状況をみた父親が、転職して近くに引越してきてくれました。Yさんと父親で、祖父の介護と子育てを分担して対応するようになりました。父親は、もし祖父の介護に加えて祖母の介護まで必要になったときは、仕事を辞めて手伝うと言ってくれましたが、Yさんはそのことで経済的に不安定になることが心配でした。

●介護保険の申請と看取り

祖父の介護を始めて6年が経ったころ、入院先の病院で介護保険の申請を行ってはどうかと病院のソーシャルワーカーから提案がありました。すぐに申請したところ、要介護4の認定がおり、退院後はそのまま介護老人保健施設に転院しました。その1年後、肺炎を起こして入院先の病院で他界しました。

祖父の介護は7年間に及びましたが介護保険サービスを使ったのは1年だけでした。もし、もっと楽な介助方法を知っていたら、子どもの頃から大好きだった祖父の介護にもっとかかわれていたのではないかと後悔が残りました。

祖父が他界した後、今度は祖母が体調を崩してしまいました。祖母は「おじいちゃんが玄関に立っている」「おじいちゃんの声が聞こえる」と言うようになりました。祖父を看取った精神的なストレスが原因で、せん妄が出現した可能性があったので、定期的に精神科に通院するようになりました。

ダブルケアが始まった頃、保育園に通っていた子どもたちは今では成長し、長男は社会人に、長女は高校生になりました。Yさんは今でも祖母の買い物や話を聞くなどのサポートを緩やかに行っています。

支援の視点とポイント

就労支援アドバイザーの視点

Yさんは家族で介護を背負っていましたが、最初に地域包括支援センターや病院のソーシャルワーカーに相談すべきケースだと思いました。家族が直接ケアをすると、どうしても介護しすぎてしまい、本人ができることまで奪ってしまう結果、状態の悪化につながり、感情のもつれを招いてしまうことがあります。

病院のソーシャルワーカーが想像力をもって、祖母やYさんに声をかけ、地域包括支援センターと連携をして、支援体制を検討していくことが必要です。祖母が外部の支援を拒むことも予測されますが、直接ケアをするだけではなく、外のサポートにつなぐことも家族にしかできない支援だと伝えて、継続性のある支援体制づくりを目指しましょう。

また、Yさんは業務中に子どもの発熱や祖父の介護の連絡が入り、仕事を休みがちになったことで転職しました。このような事態を招かないために、日中の連絡は地域包括支援センターやケアマネジャーなど、Yさんの支援者につなげるような連絡網の整理も必要でした。

介護保険サービスを十分に活用できず、後悔の念を残してしまったYさんには、グリーフケアが必要です。「頑張って介護する方ほど後悔が強く残るものです。祖父の介護の経験をこれからの生活に活かすためにも、まずは、お祖母さまのことを地域包括支援センターに相談してみましょう」と、早い段階での外部支援の活用を促しましょう。Yさんの気持ちに余裕が生まれることで、子育ての環境もよくなるでしょう。

地域子育て支援コーディネーターの**視点**

ひとり親家庭は経済的課題や将来への不安を持っている方が多く、無理な働き方による心身への悪影響、子どもへの精神的負担が生じることがあります。子育て中、乳幼児期は地域の保健師への相談が支援に早くつながるチャンスです。健診では子ども以外の介護についても相談することができます。まずは、相談することが重要です。制度では生活面、進学面、子育てと仕事の両立面に対して、それぞれひとり親制度があります。

ひとり親の多くは相談する時間や相手がなく孤立しがちです。Yさんも、情報収集や相談する機会がなく支援の開始が遅れたように思います。公の制度やサービス以外にも、NPO団体が主催する当事者同士の会があります。たとえば、「シングル・離婚を考えている方の座談会」などに参加して、同じ境遇の方と話をしたり、情報交換するのもよいでしょう。そのなかで、「子ども食堂」や「フードパントリー」のような、子どもや生活困窮世帯に対するインフォーマルな支援を知ることもできたかもしれません。

制度は自ら情報収集し、申請を行う必要があります。特に自治体独自の制度や助成金などは知らずに使えなかったという声も聞かれます。こうしたことを避けるためにも、支援者は子育て・ひとり親・子どもの成長とライフステージごとに必要な支援の視点と、多機関との連携や制度・サービスの情報を得ることが求められます。加えて、離婚に関しては法律で規定されていることが多く、離婚前から支援や制度を知ることも重要となります。

ダブルケア経験者の**視点**

働きながらダブルケアをしている人にとって、働く環境は仕事を続けるうえでとても重要です。Yさんも、最初のころは職場の理解を得られてましたが、経営者が変わったときに転職を決意しています。これからは、働きながらケアをするのが当たり前の時代になるといわれていますが、職場環境の整備は道半ばと言わざるを得ない状況です。現代社会の急務だと思います。

「もっと早く楽な介助方法を知っていたら、大好きだった祖父の介護にもっとかかわれたのではないか」と後悔の気持ちをYさんはもっています。一生懸命働きながらダブルケアをして、介護に関する情報収集もするとなると、1日が24時間ではとても足りません。やはり、適切な情報を教えてくれる専門職が、要所要所のタイミングでなるべく多くいた方がいいことを、Yさんのケースは伝えてくれました。そのためには、より多くの専門職、各種相談窓口の人がダブルケアのことを理解している状況が必要です。困難を抱えているダブルケアラーが、いずれかの窓口で救い上げられるような、網目の細かいダブルケア網が張られることを当事者の1人として願っています。

case 26

公的サービスを最大限活用し、1人で暮らす認知症の母親の遠距離介護を妹と協力して行ったZさん

事例概要

- Zさん・50代・男性（フルタイム勤務）
  遠距離介護は「お金」「時間」「体力」のバランスが大切。さまざまな工夫をして1人暮らしの認知症の母親の在宅生活を支えた。
- 主にかかわった専門職：ケアマネジャー、主治医、地域包括支援センター職員
- キーワード：アルツハイマー型認知症、遠距離介護、仕事との両立、経済的な不安
- 制度・つなぎ先：地域包括支援センター、訪問介護、デイサービス、訪問リハビリ、介護療養型医療施設

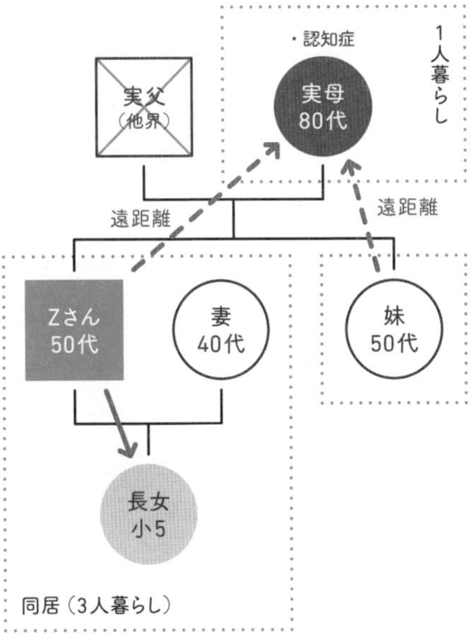

【エピソード】

●ダブルケアの始まり

首都圏で妻と小学校5年の娘と暮らしていたZさんのところに、地

方で1人暮らしをしている実母から「助けて、足を骨折したかもしれない」と電話がかかってきました。普段から母親の様子を頻繁に確認していたわけではありませんでしたが、このときZさんは何かおかしいと感じました。すぐに隣県に住む妹に連絡を取り、飛行機に乗って、2人で実家に向かいました。そして、玄関を開けて愕然としました。部屋はゴミが散乱し、足の踏み場もない状態で、床もベタベタして何の汚れかわからないほどに荒れ果てていました。

骨折したと訴える母親の身体を確認すると、異常はみられませんでした。しかし、状況的には何らかの介護サービスが必要だと感じて、その足で地元の地域包括支援センターに相談に行きました。そして、暫定のケアプランを作成してもらい、訪問介護を受けられるようにしました。後日、母親はアルツハイマー型認知症と診断されました。

●一番大変だったとき

Zさんはこれからの介護生活を考えると、終わりのみえない不安感に襲われました。どうすれば長期的に介護ができるのかを模索しつつ、2か月に一度、実家を訪れ、妹やケアマネジャーと相談し、訪問介護やデイサービス、訪問リハビリなどの利用調整を続けました。

Zさんが半年以上かけて出した結論は「母にとってのBEST」ではなく、「家族みんなにとってのBETTER」な選択でした。Zさんは思春期の娘のことを最優先したいと思いました。しかし、1人暮らしの認知症の母親の遠距離介護を担うとなると、これまでのように娘にかかわることは難しくなります。そこで、娘とのかかわりは妻に中心的に担ってもらい、その分、家事の分担を増やしました。

母親の介護については、最大限に介護保険サービスを利用して1人暮らしを継続し、施設入所や自分の家の近くへの転居といった環境の変化で、認知症が進行することを避けたいと思いました。また、妹と交代で帰省するようにしたり、介護費用は母の年金や行政の補助などを利用して、お互いに無理をせず長期的にかかわれる体制を整えていきました。その間に、BPSDの進行、褥瘡の悪化、全身の関節拘縮、失明など、母親にはさまざまな問題が発生し、それらに対応していく必要がありました。

●長く遠距離介護を続けるために

Zさんにとっての介護の不安は、経済的な問題でした。Zさんや妹の生活を破綻させず、負担も偏ることのないように、妹と何度も介護費用を計算し、計画を立てました。思いが先行しがちな介護をよりよく、より長く継続するために、あえて費用対効果を求めました。介護保険サービスについては、介護報酬単位ではなく、支払金額で提案をするようにケアマネジャーに依頼しました。また、費用負担を軽減できる行政サービスや制度も調べました。担当ケアマネジャーにはさまざまなことをメールで相談しました。これらを通して、Zさんが遠距離介護を続けていて気づいたことは「お金」「時間」「体力」のバランスが大切だということです。

突然始まったダブルケアから5年が経過し、母親は介護療養型医療施設に入所となりました。今の体制を続けることは、母親の命にかかわると主治医に強く言われたことで、施設入所を決断したそうです。Zさんは、もっとよい選択はなかったかと考えることはありますが、自分ができることしかできないのだと思うようにしているそうです。

支援の視点とポイント

地域包括支援センター長の視点

Zさんの介護で特徴的なのは、介護者が直接的な介護に入っていくのではなく、マネジメントに徹している点です。介護が長期化することも少なくありません。加えて、ダブルケアの場合は介護者が子育て中であったり、働き盛りであることから、ケアラー自身が直接的なケアの担い手になると、子ども世代の生活のバランスを大きく崩すことになる可能性もあります。

Zさんは初動から地域包括支援センターを上手に利用して帰郷するまでの間に介護保険サービスの導入に成功しています。在宅での介護は母親の病状が徐々に進み、入院に至るまで5年間続いたようですが、Zさんは妹と協力しつつ大きな視点からケアマネジャーに意向を伝え、実際のケアを組み立てる司令塔の役割を果たしました。

事例への記載はありませんでしたが、実家に行く際は、介護休暇を利用されていたのかもしれません。介護休暇はケアラー自身が介護をするためにだけではなく、ケアのマネジメントにも活用するべきです。

本事例は遠距離介護でしたが、それは近距離の介護、同居の介護においても考え方は同じです。ケアラー自身の人生と要介護者の人生はどちらも同じくらい大切なのです。

ケアマネジャーの**視点**

1人暮らしの方の認知機能の低下や生活状況の変化は、家族の電話確認のみだと気づきにくいものです。多くは近所の方や日常的に付き合いがある友人からの相談で発覚します。つまり、遠距離介護でご本人の変化を早期に確認するには、近隣関係をつくっておくことがポイントになります。介護保険サービスを利用する段階でも、1人暮らしを継続するのであれば、隣近所への挨拶、町会加入、趣味活動の仲間づくりに取り組むことをおすすめします。関係者に連絡先を伝え、変化に気がついたら気軽に連絡をしてほしいと頼んでみましょう。

可能であれば、ご本人にスマートフォンのテレビ電話機能を覚えてもらうことで、変化の早期発見につながります。様子をみるための訪問回数を減らすことができるので、時間や交通費の節約にもなります。本人の同意があれば電気や水道の利用状況から異変を確認する仕組みを導入したり、見守りカメラを設置するのも有効だと思います。

近隣に頼れる支援者がいない場合は、24時間365日対応で、かつ利用料が保険内定額（食費・生活費は別途）となる小規模多機能型居宅介護をおすすめします。また、本人に環境変化に対する対応力があるうちに施設入所を検討することも、遠距離介護の時間と経費的な負担を勘案すると長期的な視野では有効と考えます。歳を重ねれば認知機能は必ず低下するものと思って早めに準備しましょう。

遠距離ダブルケア経験者の**視点**

遠距離ダブルケアは、特に都市部に住む人が、今後直面する問題なのではないでしょうか。そこでの悩みは「誰が」「どうやって」ケアを担うのかということです。「親を呼ぶ」「自分が地元に帰る」「施設に任せる」などの選択肢が考えられます。

遠距離介護での問題の1つが「時間」です。時折地元に戻っても、十分な時間は取れません。経験上、遠距離介護は「ケア」そのものではなく、いかに「ケアのしくみ」を限られた時間で要望に近づけるかが大切になります。そのためには、❶主治医やケアマネジャーと話すときには要望や病歴はあらかじめメモにまとめておく、❷ときには写真や動画を使う（百聞は一見に如かず）、❸不要になった書類は廃棄するといった工夫が有効です。

また「お金」も大きな問題になります。介護の費用はもちろん、遠方の場合は交通費もたび重なれば、ばかになりません。さらに、Zさんの母親のように認知症と診断された場合、本人のお金や財産をどう管理するか、ということも考えなくてはいけません。たとえば、銀行通帳や印鑑はどこにあるのか、暗証番号はわかっているのか、生命保険に加入しているのか、家や車などの資産はあるのか、そして、借金はあるのかなどを遠距離ダブルケアが始まった初期の段階で調査・整理をしておくことが後のトラブルを避けることにつながります。

Chapter 3

ダブルケアラー支援に役立つ制度や知識

Chapter 3-1

事例から学ぶ、ダブルケアラーのニーズと支援のポイント

本節では、第2章で紹介された事例から、ダブルケアラーの抱える負担や生きづらさ、そしてそれを乗り越えていくために必要なことを学び、そこから考えられる専門職の支援のあり方について考えてみたいと思います。

01 » ダブルケアラーの頑張りに気づき、共感し認めること、大切にしている生き方を尊重すること

①責任感から自分を責める気持ち

第2章の事例のなかには、子育てや介護に十分奮闘しているようにみえても、「もっと子どもにかかわってあげたかった」「あのときこうしていれば親にもっとよい介護ができたのではないか」と自分を責めてしまっている事例が多くみられました。これは、親として、嫁として、あるいは子どもとして自分が果たすべき責任をしっかりこなしたいという思いがあるからこそ湧き起こる感情かと思います。

そして、もっとしっかり子育てや介護をしたいと思いながら、その余裕がなく、ときに子どもや要介護者につらく当たってしまい、さら

に自分を責めてしまう事例もありました。また、育児・介護サービスを利用することについて、自分がしっかりできなかったからだという思いをもってしまうものもありました。

さらには、ダブルケアラー自身の体調やプライベートな時間の確保を脇に置いて、とにかく子育てや介護を優先してしまうようにみえる事例もありました。医師から止められるなど、客観的にみて、とても十分な子育てや介護ができる状態ではないにもかかわらず、ダブルケアをすることを当たり前だと考えたり、それでもなお、十分にできていないという思いを抱えてしまうこともあるのです。

②大変さを認められ、共感してもらえる体験

このように、ダブルケアラーは子育て、介護、仕事、家事に忙殺される毎日のなかで、負担感を感じながらも、うまくできない罪悪感をもっています。そして、そのつらさを周囲から理解されない孤立感も覚えています。

たとえば、子育ての際、同じ幼稚園や保育園、小学校に通う親同士がつながり情報交換をするような機会があっても、介護に関すること、さらに子育てと介護が重なることによる辛さを理解してもらうことができないというつらさが示されています。

そうした状態におかれているダブルケアラーにとって、大変さを認めてくれて共感してくれるような体験は重要です。ダブルケアラーのなかには自分が「ダブルケア」であるという自覚がなく、頑張り続けてしまう人がいます。自分が大変な状況であることを自覚することや、周囲からその大変さを共感し、認めてもらうことは、ダブルケアラー自身が状況の改善に向けて、アクションを起こしていくきっかけになる場合があります。例えば、育児・介護サービスを利用したり、他の家族にお願いして負担をシェアする、自分のための時間を大切にしようとするといったダブルケアラー自身が変わろうとする気持ちが促さ

れるのではないかと考えます。

③ダブルケアラーが大切にしている生き方を尊重する

前述のように、ダブルケアラーは自身の負担軽減のためにサービスを利用したり、子育てや介護、仕事に手を抜くことでより葛藤や罪悪感を深めてしまうことがあります。それは、介護も、子育ても、家事も、仕事も、「自分らしく生きる」うえでそれぞれが大事なものであるからこそ、安易に手放したり手が抜けないものになっているのではないでしょうか。そのため、たとえ、介護施設の入所やその他の介護・育児サービスを利用するとしても、ダブルケアラーが罪悪感や挫折感を感じることがないような配慮やかかわりが支援者には求められます。

そして、その役割や責任を自分なりに満足いく形でこなせているという状態になるプロセスを支えることが重要ではないかと考えます。事例のなかにも、いったんは集中した負担や責任を最終的に自らの判断で、介護・育児サービスや、家族・親族で分担し、自身はそのマネジメントをする役割に移行しながら乗り越えた事例がありました。

また、仕事をするということが、自分の時間を確保し生活のバランスをとるうえで大切だったと考えられる事例もありました。介護、子育ての責任に一方的に振り回されるなかでダブルケアラーは疲弊していきます。しかし、自分のしたいこと、やりたいことをあきらめず、維持することで、その負担感に主体的にかかわる力を得ているのです。

一方、特に女性のダブルケアラーについては「介護・子育ては女性が担うもの」という考え方が周囲の人やダブルケアラー自身のなかにも内在化され、その役割を引き受けざるを得ない状態にある場合があります。こうした社会文化的背景に対する問題意識を忘れてはなりません。

02 » 制度の狭間を埋める気づきと連携の必要性

①ダブルケアラーの負担を生み出す構造をひもとくアセスメントの必要性

一言でダブルケアといっても、発達障害や不登校などの課題を抱える子どもの育児を行っている事例や、実父母、義父母、祖父母の介護が多重に重なる場合などがあります。また、介護の内容も、排泄介助などの直接的な介護から、介護サービスの利用手続きや調整、副介護者としての支援などさまざまでした。

つまり、ダブルケアに関する支援者は高齢者や子どもの状態、ダブルケアラーの状態、家族関係、職場や介護・育児サービスとの関係など、複雑で多様に折り重なった負担の構造を俯瞰的に把握する視野の広さと、ニーズを把握するための知識が必要になります。そのうえで、ダブルケアラー1人ひとりの視点に立って、その負担感や生きづらさを生み出している仕組みをひもといていくアセスメントが求められます。

②社会サービスの使いづらさ

介護保険の通所型サービスや幼稚園・保育園の送り迎えの時間をめぐる大変さ、家族と同居しているという理由や事前に利用申請が必要だという理由で高齢者の急変等でも利用できない介護サービスなど、フォーマルな社会資源の使いづらさが示された事例も多くありました。

いわゆるフォーマルな社会資源の特性として、一定の専門性や信頼性が担保されている代わりに、対応するニーズの範囲が決められているなど、柔軟性に欠ける性質があります。日本の社会保障制度が子ども、高齢者、障害者などの対象や領域別の縦割りの仕組みになっていることもその一因でしょう。それにより、ダブルケアから生じるニーズが子育てや介護という異なる制度の狭間におかれてしまい、例えば、デイサービスと保育園の送迎の時間の調整といった対応は、ダブルケアラー自身が担わなければならない状況になっています。

縦割りになっている制度や機関との間で、ダブルケアラーが抱えているこうした困難さへの対応は、その狭間に置かれてしまう場合もあります。自分の専門性や所属機関・サービスの対応範囲を超えて、ダブルケアラーの抱える負担に気づき、声をかけていかなければなりません。これに加えて、必要な制度やサービスを紹介したり、またその紹介先の機関や専門職と連携することができれば、ダブルケアラーの抱える困難に対応していくことができるに違いありません。

③ダブルケアラーの負担への気づきと支援

子どもも高齢者の状態も、常に変化していきます。子どもについては、出産直後、乳幼児期、学童期のそれぞれで、必要な育児の質・内容が変化していきます。支援者はその変化に合わせていくことが求められます。

なかでも高齢者については、老化に伴う心身の変化や、認知症やがんなど罹患している疾患によっては、ある程度、未来の状況が予測し得るものもあります。そのような場合は、支援者は予測される変化やどのような準備が必要かについて、ダブルケアラーと共有していくことが求められます。

また、予期せぬアクシデントが起こることもあります。子どもや高齢者が急に病気になったり、けがをしたりすると、なんとか保たれていた生活のバランスが崩れます。そして、混乱のなかで自分から相談するための行動を起こせないダブルケアラーも多いので、より積極的に一歩踏み込んだ支援が求められます。事例のなかにも、ケアマネジャーが子育ての大変さに、育児のことで相談を受けた保健師が介護の大変さに、と異なる領域にありながら、自身の専門外のニーズに対して一歩踏み込んだ気遣いや配慮を行うことにより、助けを求められないでいたダブルケアラーが救われた場面がありました。

子育ての負担を考慮して、レスパイトにつながる介護サービスを検討したり、デイサービスや保育園の送迎の調整を行うといった配慮を積極的に行っていくことが求められます。また、出産直後に高齢者が介護の必要な状態になった場合は、そのときかかわっていた病院の職員や保健師等が、地域包括支援センター等を紹介し、積極的に連携をしていくようなはたらきかけも必要でしょう。

Chapter 3-2

ダブルケアラーの介護の課題と支援のポイント

01 » ダブルケアにおける介護の課題

①予期しない介護のはじまりや状態の急変

急な入院や、しばらく会わないうちに認知症によって生活状態がひどい状況になっていたなど、親や祖父母の介護が予期せず始まることがあります。それが出産直後や乳幼児の育児の時期に重なるとそれだけでも大変なうえに、高齢者の見守り、食事、入浴といった直接的なお世話や、介護サービスの利用に向けての手続をしなければなりません。

一方、すでに介護をしながら出産する場合は、ある程度、子育てと介護の負担が重なることを想定した準備ができるかもしれません。しかし、その場合でも高齢者の病気の急変や転倒などで、介護の負担が突然増えてしまうことがあります。

このような危機的な状況下では、目の前のことに忙殺されるダブルケアラーは助けを求める余裕がないため、専門職の積極的なアウトリーチが必要になります。そして、介護サービス・育児サービスの導入や調整を行い、その危機から早く脱するための支援を行う必要があります。

②制度間の狭間で生じるダブルケアのニーズ

子育てと介護、仕事と家事といった複合的な負担に対応していくためには、介護サービスや育児サービス、職場の調整などが必要になります。しかし、日本の社会保障制度は縦割りのしくみとなっているため、その制度間の調整やマネジメントを行う機能が十分に整備されていません。

前述のような高齢者の突発的な状態の悪化に伴い、保育所の利用を調整するといった制度間をまたぐマネジメントはダブルケアラー自身が行わなければなりません。その結果、病院の付き添いをしたくても、仕事や子育てに追われて思うように時間を割けないといった問題が生じていきます。

現在、重層的支援体制整備支援事業等でこうした複合的なニーズに対応するための仕組みづくりが行われていますが、十分に機能するにはまだまだ途上にあるといえます。各専門職がそれぞれの専門領域に依拠しつつもダブルケアラーの抱える複合的な課題を把握するためのアセスメントの視点をもち、自身のできる範囲での配慮を行ったり、必要な相談窓口につないだり、連携していく積極性を発揮していく必要があります。

③制度の限界性

子育てや介護のために整備された個々の制度のなかでも、できる支援とできない支援があります。介護保険制度でいえば、原則として訪問介護の生活援助は同居家族がいると利用できなかったり、直接利用者本人の援助に該当しない同居家族向けの家事などはその対象外となっていたりします。また、特別養護老人ホームの入所などもすぐにできるわけではなく、空きがでるまで待たなければなりません。このような制度の限界から生じる課題があります。

④終末期のケア

親や祖父母の介護の課題の1つに「終末期」があります。どのように最期を迎えるのか、その方向性をめぐって本人や家族が葛藤する場合があります。どのような医療を行うのか、その場所は病院なのか、施設なのか、在宅なのかによっても本人や家族の生活、そして支援者の支援のあり方は変わってきます。付き添って見守ったり、医療・介護の専門職とのやりとりが増加するなど、一時的に介護の負担が増すことも考えられます。それによる育児への影響も考慮していく必要があります。

⑤認知症のケア

意思疎通の困難さや、理解しがたい言動を繰り返すような認知症の症状がある人を介護するのは、寝たきりの方などの身体的な介護をするのとは異なる負担感があります。目が離せず常に見守りが必要な場合、それが育児と重なることでダブルケアラーの生活は常に気が抜けない状態になってしまうでしょう。そして、本来、子育てを見守ってほしかった親や祖父母がそのような状態になり、日々、変わっていく姿をみていくのはつらく、他の子育て中の親と比較し、どうして自分だけが……というやるせない気持ちになるかもしれません。

一方、認知症の本人も、周囲に伝わりづらくなっていても、意思や感情があり、認知機能障害からくる生活のしづらさや、周囲の人からの扱いに傷つき、生きづらさを感じている場合があります。認知症の人も周囲に迷惑をかけたくない、必要とされたい、自分を大切な存在であると思いたい、といった当たり前の感情をもっています。支援者は、そうした認知症の人の生きづらさに目を向け、家族も、そして認知症の人にとってもよりよい生活が送れる状態になるよう支援をしていく必要があります。

02 » ダブルケアにかかわる専門職と支援・連携のポイント

①ダブルケアの特異性

介護あるいは子育てのどちらかだけでも毎日やらなければならないことが多くて大変なのに、それを文字どおりダブルで行わなくてはならない状況がダブルケアです。ダブルケアの大きな社会課題の1つに相談窓口がワンストップとなっていないことが挙げられます。育児に関する支援者、介護に関する支援者はそれぞれに存在し専門性を発揮していますが、ダブルケアに関する支援の専門職という職種は存在しません。そこが、ダブルケアの課題です。

行政支援が分野別に縦割りになってしまうことは仕方のないことなのかもしれません。しかし、ダブルケアラーは生活を分断することはできません。支援者には自らの専門分野の支援のみならず、対象家族を支援する複数の関係機関と連携していくことが求められており、その方法を社会全体で考えていこうとしている段階です。皆さんも既存の社会資源のなかでどのように多（他）職種が連携していけばよいのかを考えてみてください。

②専門職によるタスクのシェア

主に地域包括支援センターなどで開催される「地域ケア会議」をうまく活用してみてはいかがでしょうか。地域ケア会議は、介護保険サービス事業所のみならず、フォーマル／インフォーマルな社会資源を含め、地域で対象者や家族を支えていくことを目的としています。対象者にかかわる支援者が顔を合わせ、各々ができることを挙げていきながら、かつ各専門職は自分の専門性に加え、少しだけ専門分野を越えた視野を広くもち、支援の方向性を共有することで、対象者および

表1　ダブルケアに関連する主な専門職と専門機関

専門機関	専門職
地域包括支援センター	社会福祉士／主任ケアマネジャー／保健師（看護師）
居宅介護支援事業所	ケアマネジャー／主任ケアマネジャー
小学校・中学校・高校	学校教諭／スクールカウンセラー／スクールソーシャルワーカー
児童相談所／児童家庭支援センター	児童福祉司／医師／児童心理司／保健師／児童指導員／保育士
保健センター	医師／保健師／社会福祉士／精神保健福祉士／理学療法士
病院等医療機関	医師／助産師／看護師／医療相談員
基幹相談支援センター／特定相談支援事業所	主任相談支援専門員等／相談支援員

ダブルケアラーが救われます。

ダブルケアに関連する主な専門職・専門機関は表のとおりです。このほかにも多くの専門職がかかわることがありますが、より多く相談にかかわる公的な社会資源を抜粋しました。

三人寄れば文殊の知恵といわれます。これだけの専門職がうまく連携できれば、さまざまな課題についても解決方法がみつかる可能性は高いでしょう。

③居宅介護支援事業所とケアマネジャー

居宅介護支援事業所とは

介護のはじまりは、ある日突然やってきます。親が倒れた、祖父母が転倒して骨折したなどの突発的な状況に直面したときに、まず何からどうしたらよいのか困惑するのが普通です。特に子育て中にこのような事態が発生すると余計に家族の不安が強くなります。この場合の最初の相談先としては、行政（市区町村）役所の窓口または地域包括支援センターでしょう。そこで介護保険制度の概要説明を受けることになります。といっても、具体的な介護にかかわる直接支援の相談は居宅介護支援事業所といわれる機関のケアマネジャー（介護支援専門員）が担う場合がほとんどです。地域包括支援センター等から居宅介護支援事業所の情報（参考資料等）をもらって対象者または家族であるダブルケアラー自身が事業所の選択をすることになります。

居宅介護支援事業所を決めるときに気をつけたいことは、対象者および家族にとって利便性がよいかという視点をもつことです。もちろん、家から近い事業所という点も考慮される内容ですが、それだけで決めることはあまりおすすめしません。子育てをしながら介護も始まるというダブルケアラーにとっては「時間」は最も考慮すべき点になります。ダブルケアラーが就労していると、営業時間内には仕事で連絡ができない場合もあるでしょう。そのため、営業時間や連絡可能時間などはあらかじめ確認しておきます。こうした情報は参考資料に掲載されています。営業時間が平日9時〜18時まででも、居宅介護支援事業所の場合、連絡可能時間が土日や夜間帯でも可能な事業所もあるので、参考資料に掲載されていなかったとしても電話連絡等で確認しましょう。

また、はじめから1か所に絞らずに、複数か所の居宅介護支援事業所に連絡をしてみて、現状の概要を伝えたうえで、親身になって相談に乗ってくれそうか、無理のない時間帯連絡ができそうかを判断するとよいでしょう。

ケアマネジャーとは

ケアマネジャーには基礎となる国家資格があり、介護福祉士、精神保健福祉士、社会福祉士、看護師、薬剤師など多岐にわたります。現状に照らし合わせて適当と思われる専門性をもつ方を選択するのも1つの方法です。

ケアマネジャーの主な仕事内容は、相談支援と介護サービスのマネジメント業務です。介護保険制度に則って、介護サービスが必要な高齢者に要支援、要介護認定の手続き代行や届出の手続きを行います。適切なサービスが受けることができるように利用者と介護サービス事業者と調整し、それにかかわるケアプラン（居宅サービス計画書・施設サービス計画書・介護予防サービス計画）を作成します。

また、地域住民とともにその人らしく自立した生活を送ることができるように支援することもケアマネジャーの大切な仕事の1つといわれています。このことから、ケアマネジャーの業務として、介護保険制度のなかのサービスのみならず、その人の生活全般を考えて支援をしていくことが求められています。家族であるダブルケアラーの介護負担の軽減も業務の一環といえます。これはダブルケアラーにとって居宅介護支援事業所を決めるための重要な要素であるといえます。子育てのことも含めて、ケアラーとしして介護が大変になる部分をケアマネジャーに伝えるとよいでしょう。

④ダブルケアラーに関係の深い介護保険サービス

ここでは、ダブルケアラーに関係の深い介護保険制度における在宅介護サービスを取り上げてみます。介護保険サービスの内容は多岐にわたります。介護保険サービスのなかの在宅介護サービスとして利用される主なものを図にしてみました。

介護保険制度は社会保険方式のため、多くの人が安価（実質の1～3割）に利用でき、サービス事業基準内容も詳細に決まっています。サービスの質が全体に高いというメリットがある反面、柔軟性に乏しいというデメリットもあります。

介護保険サービスのなかでも特にダブルケアラーに多く利用されるサービスとしては、訪問介護、通所介護、短期入所（ショートステイ）等が挙げられます。これらのサービスについてダブルケアの際に、上手に介護保険サービスを利用するための方法をみていきましょう。

表2 主な介護保険サービス

居宅介護支援

利用者が自宅で生活を送ることができるよう、ケアマネジャーが、利用者の心身の状況や置かれている環境に応じた介護サービスを利用するためのケアプランを作成し事業者や関係機関との連絡・調整を行う。

訪問型サービス　利用者の家を各専門職が訪問し介護サービスを提供する。

①訪問介護
ホームヘルパー等が身体介護（入浴・排泄・食事等の介助）や生活援助（調理・洗濯・掃除等）を行う。

②訪問看護
看護師等が病気や障害に応じた看護を行う（健康状態の悪化防止や回復に向けての支援）自宅での看取り希望に沿った看護も行う。

③訪問入浴介護
寝たきり等の理由で自宅の浴槽では入浴するのが困難な利用者に対して 浴槽を自宅に持ち込み入浴の介護を行う。

④訪問リハビリ
理学療法士等が利用者の家を訪問し身体機能の維持・向上や歩行練習トイレ・家事等の動作、外出練習などのリハビリを行う。

通所型サービス　通所の施設（デイサービスなど）に通い、自宅までの送迎も行う。

⑤通所介護（デイサービス）
食事や入浴等の日常生活の支援や機能訓練、他者交流などを日帰りで行う。

⑥通所リハビリ（デイケア）
日常生活上の支援や、生活機能向上のための機能訓練や口腔機能向上サービスなどのリハビリ等を日帰りで行う。

宿泊型サービス

⑦短期入所生活介護（ショートステイ）
施設に短期間入所して、食事・入浴その他の必要な日常生活上の支援などを行う。

⑧短期入所療養介護（医療系ショートステイ）
施設等に短期間入所して、医師や看護職員、理学療法士等による医療や機能訓練や日常生活上の支援などを行う。

複合型サービス

⑨宿泊型通所介護
デイサービス施設で日中のサービスを受けた後、そのまま施設に宿泊することができる。

⑩小規模多機能型居宅介護
デイサービスを中心に訪問介護やショートステイを組み合わせ、在宅での生活の支援や機能訓練を行う。

福祉用具等サービス　自宅で自立した日常生活を送ることができるよう、福祉用具の利用や住宅改修を介護保険で支援する。

⑪福祉用具貸与
指定を受けた事業者から介護に必要な福祉用具をレンタルする。

⑫特定福祉用具販売
指定を受けた事業者から入浴や排泄に用いる福祉用具を購入する。

⑬住宅改修
介護のために住宅改修する際にかかった費用を介護保険で負担する。

地域密着型サービス 原則として、居住地の市町村だけで利用できるサービス。

①定期巡回・随時対応型訪問介護看護
定期的な巡回や随時通報への対応など、心身の状況に応じて、24時間365日必要なサービスを必要なタイミングで柔軟に対応。1日に複数回訪問し、入浴・排泄・食事等の介護などのサービスを提供できるが1回の訪問時間が短い場合が多い。

②夜間対応型訪問介護
夜間に定期巡回訪問、または随時通報を受け、居宅をホームヘルパー等が訪問し、入浴・排泄・食事等の介護等の提供を行う。

③小規模多機能型居宅介護
心身の状況や置かれている環境に応じて居宅を訪問介護または通所介護、短期入所生活介護等を組み合わせて提供する。

④看護小規模多機能型居宅介護
「訪問看護」と「小規模多機能型居宅介護」を組み合わせたサービス。通所介護、短期入所、訪問介護、訪問看護を提供する。

⑤認知症対応型共同生活介護（グループホーム）
認知症の高齢者が共同生活をする住居で、入浴・排泄・食事等の介護などの日常生活上の世話と機能訓練を行う。

訪問介護（ホームヘルプサービス）

訪問介護サービスは在宅介護にはなくてはならないサービスの1つです。介護を受ける利用者（要介護者等）は、入浴・排泄・食事等の日常生活が1人では難しくなっている場合がほとんどです。このために介護（ケア）が必要となるのです。

まだ介護状態が軽いうちは家族対応でも問題ない場合もありますが、介護状態が重くなってくると介護方法も相応のスキルが必要となります。訪問介護サービスの提供者（ホームヘルパー）は、必要な知識やスキルを身につけた専門職です。

●食事介助

要介護者等の状態によっては、通常の食事を摂ることが難しい場合があります。硬いものが噛めなくなっていたり、飲み込むことができなくなっていたりします。このとき、食べやすいような調理をしてくれたり、むせないように食事を摂ることの介助をしてくれたりするのがホームヘルパーです。介助の方法がわからないまま行うと、誤嚥性肺炎等のリスクが高くなります。子どもの食事時間と食事介助が必要な親がいる場合に、ダブルケアラーは1人で全部をこなさなければならないと思いがちですが、このようなときには専門職であるホームヘルパーの力を借りることも、ときには生活の維持のために必要なことでしょう。

● 入浴介助や排泄介助

今までは1人で問題なくお風呂に入れていた祖父母が、病気やけがにより入れなくなってしまったときに、ダブルケアラーや家族だけで対応すると転倒の危険性が高くなる場合があります。浴室での転倒は、床や壁が硬いため骨折や頭部打撲など大きなけがや事故につながる可能性が高いものです。介助技術をきちんと学んできたホームヘルパーに入浴の介助を依頼してみるのも一案です。

排泄についても同様です。ホームヘルパーは身体介護ができるだけではなく、ケアの具体的な方法をダブルケアラーや家族に教えてくれることも多いものです。まずはホームヘルパーの介助を見て方法を教わってから、ホームヘルパーがいないときでも同様の介助ができるようになれば、今後の在宅介護の役に立ちます。

● 通院介助

家族の病院付き添いをしたくても、仕事や子育てに追われて思うように時間を割けないダブルケアラーは多いのではないでしょうか。就労していたり、自宅と介護対象者の家が離れていたりする場合などは、病院に付き添いたくても時間が取れないと困っている方が散見されます。通院の付き添いについては、必要な情報を収集できているかいないかでダブルケアラーの負担は大きく変わります。使えるサービスなどの情報をいかに多くもっているかがカギになります。

病院の付き添いに関するサービスでは、介護保険サービスに「通院介助」というものがあります。通院介助とは、通院するために必要な移動の介助を依頼できるサービスです。ただし、介護保険サービスの適用対象は、要介護1〜5と認定されている方に限られています。また、そこに該当していても細かい条件が決められています。

介護保険サービスを使うためには、ケアマネジャーが「病院付き添いが必要である」と判断して、「自宅から病院までの往復の介助」を目的とすることなどをケアプランに盛り込むことが求められます。それ以外の場合は基本的に介護保険対象外となります。このため、病院内での介助は「介護保険」ではなく「医療保険」が適用されるため、基本的には介護保険の対象外となります。しかし、たとえば病院内でのトイレ介助や移動介助は介護保険の適用範囲となります。ただ、待合室で待っている間の時間は介護保険適用外となってしまいます。費用は、公共交通機関を使う場合、本人とホームヘルパーの交通費と介護サービス料、介護タクシーを使う場合は、運賃や介助費用等が加算されます。このように通院介助に関する介護保険サービスは少し複雑になります。さらに市区町村によっても対象範囲が異なる場合があるので、利用を検討する場合は確認することをおすすめします。

また、公的な支援ではなくても、ダブルケアラーが通院介助できない場合には、さまざまな団体やNPO法人などで福祉車両での送迎をしてくれるところもあります。そして、病院内であっても自費のサービスであれば家族以外が付き添うことも不可能ではありません。決断が必要な部分に関しては本人か家族でなければできないこともありますが、特に大きな変化がなく定期的な通院であれば自費でのホームヘルパーの依頼もできる場合があります。

●家事援助

ホームヘルパーが要介護者等の家で掃除や洗濯、調理などの家事を行ったり、日用品の買い物支援や薬の受け取りなどのお手伝いをするサービスを「生活援助」といいます。生活援助は要介護者等の日常生活を支援することが目的です。このため、掃除や洗濯では要介護者の物に限られますし、料理の仕方等も要介護者に合わせることになります。介護保険サービスとしては、家事を行える家族が同居している場合には、基本的には生活援助を利用できないので注意が必要です。

通所介護（デイサービス・デイケアサービス）

通所型サービスもダブルケアラーにとっては強い味方となってくれる場合が多いものです。ダブルケアラーは1日のタスクが多いため、時間の使い方が重要になります。同じ時間に介護と子育てが重なることも少なくありません。

通所サービスでは、要介護者である家族のケアを長い時間みてもらえます。この通所サービス利用中に、ダブルケアラーは家事や子育てあるいは仕事など、介護以外に時間を費やすことができます。もちろん、通所サービスは介護者のためだけに存在するものではなく、当然のことながら要介護者である親や祖父母にとっても機能訓練や他者との交流機会の創出など、よいことが多くあります。うまく利用すれば、介護する側にも介護される側にもメリットが大きいといえます。

最近は通所型サービスの内容も実に豊富です。運動特化型や趣味活動に力を入れている事業所も多くあります。また、なかには宿泊可能な通所サービス事業所もあるので、子どもが急に体調を崩して入院しなければならなくなったり、冠婚葬祭が入ったりした際なども、いつも利用しているデイサービスにその日だけ宿泊できるなどの臨機応変な対応をとってくれる事業所もあります。

ダブルケアラーは各通所サービス事業所の特徴を確認して、利用目的に合わせて選んでみるとよいでしょう。たとえば、通所サービス利用にあたり、子どもの送迎時間と通所サービスの送迎時間が重なることが事前にわかっている場合などは、通所サービスのスタッフに事情を説明しておくと、送迎ルートを変更するなど工夫し、時間調整してくれる事業所もあります。

短期入所（ショートステイサービス）

短期入所サービスは、あらかじめスケジュールが決まっていて、その期間だけ親や祖父母（要介護者）を施設に泊めてほしいときなどに便利なサービスです。定期的な利用をする方もいます。これによりケアラーの休息時間が確保され、結果的に在宅介護を長く続けていくことができるケースもあります。

また、これまで介護を続けてきたけれど介護状態が重篤になり、在宅介護がこれ以上は厳しいと感じてきたときに、入所申請してもすぐに施設入所はできない。もし入所ができたとしても、要介護者・ケアラーともに心の準備が追いつかないということもあります。そのようなときは、まず短期入所サービスの利用から始めてみるという方法もあります。まずは2〜3日泊まって様子をみる。そして徐々に延ばしていくようにすれば慣れていきます。そうすることで心理的な不安が軽減していくことも多いようです。

⑤施設の入所

一言で施設といっても、介護保険制度では「介護老人福祉施設（特別養護老人ホーム）」「介護老人保健施設」「介護医療院」「介護療養型医

表3　介護保険の施設

施設	概要
介護老人福祉施設 （特別養護老人ホーム）	原則、要介護3以上の方が入所対象。費用が安価。 待期期間が比較的長い場合が多いが入所期限はない。
介護老人保健施設	病院と自宅の中間的施設。リハビリを強化して在宅復帰を目的とするため、入所期限が設けられている。
介護医療院	高度な医療サポートが必要な方にも対応可能。 看取りを視野に入れた長期療養が可能。
介護療養型医療施設	医療体制が充実。重度の要介護者が対象。 （2024年度末に廃止）

療施設（2024年3月末に廃止）」の4つがあり、必要とする介護の内容により入所できる施設が異なります。

このなかでも一番ダブルケアラーにとってかかわりが多いと思われる入所施設は特別養護老人ホーム（特養）でしょう。特養の入所に関しては、需要に対して供給数が不足していることから、申し込みをして入所できるまでの待機期間が長い傾向があります。施設数でみると2012年は6,590施設でしたが、2020年には8,306施設と増加率は126%にとどまっており、需要に対して供給が追いついていません。

特別養護老人ホームの入所条件は下記のように定められています。

1. 65歳以上で要介護3以上の高齢者
2. 40歳～64歳で特定疾病が認められた要介護3以上の方
3. 特例により入居が認められた要介護1～2の方

ただし、上記の入所判定基準は原則であり、実際はケースごとに入所の是非や入所の優先順位が判断されているのが実情です。このため、申請をした順に入所ができるわけではありません。

【支援のポイント】

特養が何を基準に入所判定を行っているのか、そのしくみや判断基準を押さえておくことが大切になります。特養では、入居者の優先順位を決める判断会議が行われます。この優先順位は、各自治体や施設ごとに多少異なります。

また、認知症が進んで他の入居者やスタッフに危害を加える可能性がある場合などは、入居を断られるケースが考えられます。集団生活が難しいと判断される方も入居は困難となります。

ここで重要なのが、介護の状況説明です。家族（ケアラー）として、入所対象者である親や祖父母等をどのような状況で介護しているのか、子育てをしながらの状況も含めて、現状どのような介護が特に大変であるのかなどできるだけ詳細に伝えられるとよいでしょう。育児と介護の生活の流れのなかで特にケアが集中してしまう時間などの状況をできるだけ簡潔かつわかりやすく説明することが必要です。

以上は特養の入所申請について挙げてきましたが、特養に限定しなくても、在宅での介護の限界ということで入所先を検討しているのであれば、近年安価で希望に近い軽費老人ホームやサービス付き高齢者住宅なども増えてきているので、民間の施設紹介センターなどから情報を得るのも1つの方法です。

⑥終末期の意思決定支援

人生の最期をどう迎えるか……。とても難しく悩ましいものです。自分自身の人生の終わり方を明確に決めていて、それを残される家族にきちんと伝えられている人はほんのわずかです。それでも、そのときはやってきます。ダブルケアラーもそのとき立ち会わなければなりません。

余命宣告を受けた親や祖父母等の終末期の場面で、緩和ケアなどの判断はまさしく生死にかかわる問題なので 意思決定の判断をダブルケアラーに委ねられたときの精神的負担は計り知れません。いざとなってから動くのでは遅いのです。

【支援のポイント】

最期まで家で看取るのか、ホスピスを選択するのかといった選択は、考え方や状況によって異なるのは当然のことです。ダブルケアラーの気持ちとしては最期まで家で看取ってあげたいと思ったとしても、小さな子どもを抱えての介護は想像を超えることが珍しくありません。

だからこそ、あらかじめ将来の変化に備えて、ACP（アドバンス・ケア・プランニング）を行っていくことをおすすめします。ACPとは、これからの医療やケアについて本人を主体にして、家族と関係する医療機関やケアのチーム全体で話し合いを繰り返し、本人の意思決定を支援することをいいます。

03 » 認知症ケアと支援のポイント

認知症の有病率は年齢が高くなるごとに増加していきますが、早くは40歳代で発症する場合もあります。そのため、認知症のご本人から子育てに関する相談があったり、子育ての支援を期待していた親が認知症を発症してしまう可能性もゼロではありません。また、祖父母が認知症になりそれを介護する父母の支援を育児中の娘や息子が行うという状況もあります。

認知症の原因疾患はさまざまですが、代表的なアルツハイマー型認知症についてみると、進行とともに、調理や買い物、洗濯、掃除といった家事から、食事、排泄、入浴といった日常生活動作まで、さまざまなことができなくなっていきます。

「何度も同じ話をする」「気づかないうちに外に出てしまい1人で戻れなくなってしまう」「お風呂に入ってくれない」「夜に起きだして、たんすの物を出してしまう」「『虫がたくさんいる』など、実際には存在しない物が見えると言う」といった理解しがたい言動がみられる場合があります。また、自分が認知症であることを認めず受診や介護サービスの利用を拒否したり、止めても車の運転をしようとしたりして、介護者を困惑させ、常に気にかけていないといけないような状態になることもあります。

①早期発見と早期対応

認知症の対応で大事なのは早期発見と早期対応です。認知症が心配になったら、できるだけ早く受診することが大事です。しかし、本人がそれを認めず、受診を拒否することもあります。「認知症になっているかもしれない」ということに向き合うのは、本人も家族も簡単なことではありません。その場合には、地域包括支援センターや主治医に相談するなど専門職の力を借りることが重要です。現在では各市町村に「認知症初期集中支援チーム」という認知症の人の受診や介護サービス利用などの初期段階の支援を行うための仕組みがあり、そうした支援を受けることもできます。

②地域のなかに居場所をつくる

認知症の人の状態像は多様です。上述のような理解しがたい言動、いわゆる認知症の行動・心理症状といわれる症状が顕著になるのはかなり認知症が進んだ状態です。初期の頃はまだまだできることもたくさんあります。そのため、介護保険サービスの対象にはならないこともあります。そうした場合でも、本人がもっている力を発揮したり、認知症と共に生きるつらさを共感してもらえるような居場所づくりが大切になります。地域包括支援センターや市町村の窓口に相談してみましょう。現在は、各市町村に「認知症カフェ」があり、認知症の人やその家族が認知症のことについて学んだり、相談できる場所がつくられています。その他にも認知症の人が地域の中で生き生きと活躍できる居場所づくりへの取り組みが行われています。

また、近隣の住民や地域の商店街の方に認知症であることを伝えることで、近所の方々がサポートしてくれるようになる場合もあります。抱え込まずにSOSを発信することでうまくいく例も少なくないのです。

③認知症の進行に伴う変化に対応する

個人差は大きいものですが、認知症は徐々に進行していきます。それによって認知症の行動・心理症状や排泄の失敗、さらには歩行や起居動作ができなくなるといった身体機能の低下も生じてきます。そして、介護者は「この先、どうなっていくのか」「どうしてこの人は私を困らせることばかりするのだろうか」など、不安や悩みを抱えてしまいます。今は、インターネットや市町村が作成したリーフレットなどで簡単に認知症のことについて学ぶことができます。

例えば、現在、各市町村で「認知症ケアパス」が作成されています。認知症ケアパスは、認知症の発症予防から人生の最終段階まで、認知症の容態に応じて、相談先やどのような医療・介護サービスを受ければよいのかといった流れを標準的に示したものです。これをみると、今、そして今後、認知症の人の状態に合わせて、身近な地域でどのような支援が受けらえるのかを知ることができます。

また、先述の認知症カフェや家族介護者の会などに参加することで専門職や先輩介護者から病気やケアについての知識や助言を得ることができます。そうすることで、認知症の人の気持ちや生きづらさを理解し、余裕をもって接することができるようになるかもしれません。認知症カフェとは、認知症の人や家族、専門職、地域住民が気軽に集まり、なごやかに交流を楽しむところです。カフェの内容はさまざまですが、認知症の人同士、家族同士で交流したり、専門職とつながる機会になります。地域にどのような認知症カフェや家族介護者の会があるかは、認知症ケアパスで確認できます。

また、保育所や学校関係者など、認知症の人を介護する家族にかかわる高齢者介護の専門職以外の人も、「認知症サポーター養成講座」等を受講し、認知症に関する基本的な知識や支援で大切にすべきことを学んでおくことが重要です。認知症の人の尊厳を大切にする姿勢が共有されていることが連携していくうえで重要となります。

Chapter 3-3

ダブルケアラーの出産・乳児期の子育ての課題と支援のポイント

01 » 日本における出産・育児期の特徴

①女性がダブルケアを担う社会的背景

日本では少子高齢化が著しいスピードで進行しています。女性の初産年齢は30歳を超え、この30年間で4歳も上昇しているとともに高齢出産と呼ばれる35歳以上の出産数が増加しています。女性の出産年齢の高齢化は、親世代が高齢者の世代に差しかかり、育児と介護の両立が求められる可能性があることを示しています。晩婚化と出産年齢の高齢化によって、親の介護と乳幼児の子育てに直面する「ダブルケア」を行う人が増えています（寺田, 2021）。

出産の高齢化に伴い、妊娠中から親の介護を行う女性も少なくありません。また、地方では、若くして妊娠しても、お嫁さんに家庭内のケア役割を求める文化が根強いため、婚家の祖父母の介護を担う女性が少なくない現状があります。妊娠期は、身体に荷重のかかる動作はなるべく行わないほうがよいのですが、妊婦さんが身体的介護を行わざるを得ない状況も多くあるのではないでしょうか。

しかしながら、介護を担う妊婦さんに身体的負担のみならず心理的負担が多くかかっているものの、周産期医療に携わる医療専門職の介護に関する知識が乏しく、適切に対応できていない現状があります。ダブルケアラーの方が、ある助産師にご自身の状況を打ち明けると「私は介護のことがわからないから」と冷たく言われたそうです。一刻も早く、周産期医療に携わる医療専門職に、ダブルケアの理解を広めなければと強く思った瞬間でした。

昨今では、母親が1人で育児を行う「ワンオペ育児」の問題が挙げられていますが、介護と育児を女性1人が担う「ワンオペダブルケア」では、身体的負担が大きいだけではなく、精神的にも負担が大きく、しかも、誰にも頼ることができずに負担はどんどん増すばかりです。仮に体調の悪さを自覚しても、自分のために病院に行く時間もとれないため、健康を害する女性が多いことが考えられます。

ダブルケアを担う女性は、普段から育児や介護の両方を担っていて、子どものためや介護する親や身内のために病院へ連れて行くことがあっても、自分自身の健康のために時間を割くことが難しいことも支援者は知っておく必要があります。

②性別役割分業意識の壁

子育ては、産む機能が備わっていることから、女性が役割の中心であるといわれてきました。しかし、母親の育児不安の問題や働く母親の増加に伴い、男性も女性と同じように育児や介護を担う役割を果たすことが求められています。イクメンやケアメンなどと呼ばれる男性が出現し、既婚・未婚を問わず育児や介護などのケアの場面へ参加する男性が多くなっており、男性に期待される役割に、ケアを担うことやケアの責任をもつことが求められているのです。

しかしながら、男性は「外で働く」、女性は「家を守る」性別役割分業の意識が根強く残っている面もあり、その意識のズレがケアを担う、担おうとする、担わざるを得ない男性自身に葛藤を生み出しているのです。今の若い父親たちの多くは、「稼ぐ責任」という伝統的な男性役割と、子どものケアという新しい父親役割の間で葛藤を感じている（多賀, 2017）といわれています。この葛藤の解決のためには、企業のみならず家庭や社会におけるアンコンシャス・バイアスの克服、つまり、性別役割分業意識の改善が求められているのです。

この性別役割分業意識の改革は、父親はもちろん、祖父母世代、さらに母親自身も行わなくてはなりません。

02 » 出産・育児期の母親支援のポイント（妊娠・出産時の女性、乳幼児）

①母親に罪悪感を抱かせないように接する

皆さんは「妊娠・出産は、病気ではない」といわれることがあります。確かに妊娠・出産はヒトとしての正常な営みですが、正常から逸脱する可能性をはらんでいることも事実です。むしろ、何事もなく経過する妊産褥婦のほうが少ないかもしれません。たとえば、35歳以上の出産は高齢出産と呼ばれ、妊娠高血圧症候群などの母体のリスクが高まり、赤ちゃん（胎児）へのリスクも高まります。他にも、年齢に関係なく起こり得る異常もあります。それらは、母子ともに命を危険にさらすことにもなりますので、軽視してはいけないのです。

つまり、「妊娠・出産は病気ではない」という認識が、母親自身を苦しめてしまうことを周囲の人たちは理解しておかなければならないのです。「私の自己管理が悪いから、体調が悪くなってしまった」「妊娠して十分に育児や介護ができなくなり申し訳ない」という罪悪感を母親に抱かせてはいけません。

また、母親は特に子どもに対して、罪悪感を抱きやすいものです。妊娠中、子どもに異常がみつかると「私があのとき〇〇を食べたからですか？」「私があのとき無理をして〇〇をしたからでしょうか」と自分の行動を責めることが多くあります。このことは、育児期においても同じです。「私が介護で忙しいから、子どもが問題行動を起こしているのではないか」という考えに至ることもあるのです。

周囲の人たちは、母親の心情を理解し、母親の責務を果たせていないような思いを抱かせたり、母親を責めるような言動は行わないでください。支援者は、周囲の人たちに、母親の気持ちを代弁し、かかわり方を伝える役割を担ってくださるとよいと思います。

助産師は、父親や祖父母世代など、母親を取り巻く周囲の方々にもお話しする機会が多くあります。家族のなかで指摘し合うと気まずくなってしまったり、身内から言われると腹が立ってしまったりして、素直に聞けないこともあるようですが、専門職からのアドバイスには、多くの場合、耳を傾けてくださいます。

そのため、父親や祖父母世代が妊娠や出産、子育てに対して誤った認識をもっていたり、母親にばかり家事や育児、介護を押しつけたりするような様子がみられたら、そこに介入することは専門職の重要な役割です。

②古い価値観に縛られない

また、介護においても「子どもは親の面倒をみるのが当然」という認識をもたれている方も少なくありません。「これまで親に育ててもらってきたから、介護するのは当たり前」「親の言うことは何でも聞くべき」という考え方に、介護される祖父母世代側も、介護する親世代側も強く縛られていることがあります。そのため、子どものことよりも老親の介護を優先して考え、行動してしまう母親が多くいます。そして、そのことが、子どもに充分な時間をかけられていないという悪循環につながります。

日本においては、儒教の影響を受け、年長者を敬い、家族を大事にする文化があります。また、家父長制の影響もあり、特に年長者の男性や夫を大事にするように言われているかもしれません。しかし、育児や介護に伴うケアする、ケアされる関係は、平等な関係です（Elliott, 2016）。そのため、親との関係も、子どもとの関係も平等なのです。親から支配される関係ではありません。また、子を支配する関係でもありません。

そして、ケアする母親には、自分自身を大事にする権利があります。現在のダブルケアラーの状況は、子育てや介護を通して、家族とはいえ、自分以外の他者に尽くすことが求められ、かなりの自己犠牲の上に成り立っているといっても過言ではありません。

ダブルケアラーも、周囲の方から大切にされることがもっとも重要なのです。他者に愛情を与えるためには、自分自身が愛されているという実感をもつこと、他者からの愛情を十分に受けることが肝要です。そのため、ご家族から大切にされているという実感を得るのが難しい母親の場合は、支援者のかかわり次第で「自分が大事にされている」実感をもつことができ、それが育児や介護に向き合うエネルギーになっていくことにつながります。

乳幼児期の子どもの心や体の発達には、周囲からの愛情が不可欠です。育児に向き合う親たちが子どもに十分な愛情を注ぐためには、周囲の方々からの愛情が必要です。しかし、ダブルケアラーの場合、介護が必要な親世代にそれを求めるのは難しいでしょう。そこで、介護負担を減らす方法を支援者は考え、助言してください。

③介護サービスを積極的に活用する

日本の制度は、介護を受ける方々への支援がとても充実しています。しかし、「ケアを担う方々＝ケアラー」への支援は、取り組みが始まったばかりです。そのため、ダブルケアラーの介護負担を減らすことが、子育てに向き合う時間を増やすことになります。余裕があれば愛情もより生まれやすくなります。余裕がないと、どうしても家庭内の人間関係がギスギスしがちです。

介護においては、積極的に「家族以外の支援をたくさん受ける」ことを念頭に置いてください。介護を担う方々から「親が他人を家に入れることを嫌がる」「施設に入れることが申し訳ない」といった話を聞くことがあります。子どもに対しても、罪悪感を抱いてしまうと前述しましたが、親に対しても罪悪感を抱いてしまうのです。これは、「介護を担うべきなのに、私が十分にできなくて申し訳ない」という、ケア役割を果たせないことへの罪悪感で、女性は家事や子育て・介護といった家庭内ケア役割を担わなくてはならないという認識からきています。

そのため、支援者は「家族だからという理由で介護するのは当たり前ではありません。介護のプロがいるのだから、安心して頼ってください」と伝え、使えるサービスを紹介してください。「親が訪問サービスや施設を嫌がる」と言っていたとしても、他者のケアを受けることに徐々に慣れるようにもっていくことも、支援者の腕の見せどころです。家族だけがすべてのケアを抱え込むことのないように、他の専門職（医療・福祉関係）との連携を図って、より多くの支援がダブルケアラーに届くように心がけましょう。

03» ダブルケアにおける 出産・育児期の制度・サービス

①制度・サービス利用の課題

日本は2007年より超高齢社会に突入しています。これに伴い医療や介護にかかる人材は現在よりさらに多く必要になると考えられます。そして、25歳～44歳の女性の就業率は年々高まっています（令和元年時点で77.7%。令和7年度には82.0%になる見込み）。

日本では子育てや家族介護は女性がするものという意識がまだまだ高く、子育てと介護のダブルケアをしながら就労している女性が少なくない現状があります。特に未就学の子どもがいる場合は、育児に多くの時間をとられます。このため、保育所やこども園、幼稚園等の子育て支援施設の存在が不可欠となります。しかしながら、ダブルケアラーがこれらの子育て支援施設を利用したいと思っても、その利用方法や利用内容に制約があり、ダブルケアの実態に適合しにくい場合も見受けられます。

たとえば、就労しているダブルケアラーの生活の場と、介護が必要な家族の生活の場が異なる（別居）場合などは、子どもを子育て支援施設（保育所や認定こども園等）に送ってから仕事に向かい、終業後に子どもを迎えに行き、さらに家族の家に寄り、介護をしてから帰宅するといったパターンもあります。こうなると移動だけでもかなりの時間がとられてしまいます。同居の場合でも、同様にタスクが多すぎて心身ともに疲弊しきってしまうケースが多くみられます。未就学児の主な子育て支援施設の特徴は以下のとおりとなっております。

②保育所の特徴

保育所などは比較的長時間子どもを預かってもらえるので、1日の

図1 多様な子育て支援サービスの一例

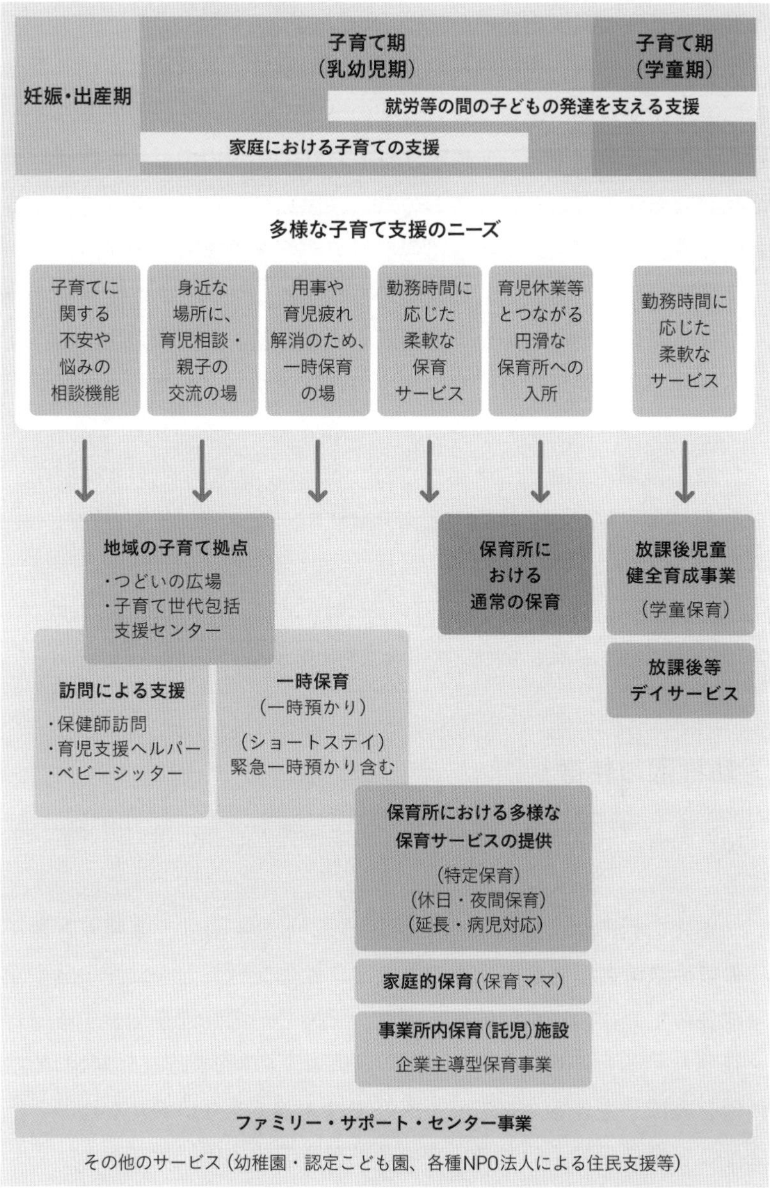

出典:厚生労働省作成「子どもと家族を応援する日本」重点戦略検討会議第3回「地域・家族の再生分科会」資料
https://www8.cao.go.jp/shoushi/shoushika/whitepaper/measures/w-2007/19webhonpen/html/i1323100.html

なかでケアの総時間が、より多く必要となるダブルケアラーにとっては有効な子育て支援施設の1つといえます。

保育所の目的は、児童福祉法第39条第1項に「保育所は、日々保護者の委託を受けて、保育に欠けるその乳児又は幼児を保育することを目的とする施設とする」と規定されており、保護者の就労や病気、または家族の看護もしくは介護等のため、家庭において十分保育することができない児童を、保護者に代わって保育を行う施設です。

保育所の預かり時間は、短時間でも8時間、標準的には12時間と長く、夜間保育を実施している保育所もあります。認可保育所の他、新しい制度である認証保育所や企業主導型保育所などもあります。

1. 認可保育所（国が定めた基準で運営。自治体の保育課へ利用申し込み）
2. 認証保育所（自治体独自の設置基準を満たした基準で運営。施設への直接利用申し込み）
3. 企業主導型保育所（企業が従業員の働き方に応じ柔軟に対応。地域の子どもの受け入れも可。施設への直接利用申し込み）

③幼稚園の特徴

幼稚園も、未就学児を預かってくれる施設という位置づけができます。

幼稚園の目的は、学校教育法第22条に「幼稚園は、義務教育及びその後の教育の基礎を培うものとして、幼児を保育し、幼児の健やかな成長のために適当な環境を与えて、その心身の発達を助長することを目的とする」と規定されており、3歳以上の幼児が遊びのなかで主体性を発揮し生きる力を培い、家庭では体験できない新たな環境と出会うことを通して、幼児の自立の基礎を育成する施設です。

幼稚園の預かり時間は公立の場合4時間程度を標準としていますが、私立幼稚園では少子化対策として預かり保育が実施されており、保育園と変らない長時間保育を実施している幼稚園もあります。

幼稚園も公立と私立があり、申し込みや利用手続きが異なるので事前に確認が必要です。

④認定こども園の特徴

認定こども園の目的は、幼稚園及び保育所等における小学校就学前の子どもに対する教育及び保育並びに保護者に対する子育て支援を総合的に提供することにあり、教育・保育を一体的に行っており、すべての子育て家庭を対象にしており以下のように分類されています。

1. 幼保連携型認定こども園（保育所と幼稚園の機能を併せもつ施設）
2. 幼稚園型
（認可幼稚園が長時間保育・子育て支援等の保育所の機能も備える）
3. 保育所型
（認可保育所が保育に欠ける子ども以外の子どもも受け入れる）
4. 地方裁量型（上記以外）

このことから認定こども園の預かり時間は、4時間利用・8時間利用・12時間利用と多彩になっています。申し込みや利用手続きに関してはそれぞれ異なるので事前に確認が必要です。

⑤子育て世代包括支援センター

妊娠・出産時の女性に一番大切なことは、医療専門職とつながることです。病院で妊娠が確認できたら、自治体に妊娠届出書を提出します。これにより母子健康手帳が発行され、母子に関する支援がスタートします。

子育て世代包括支援センターが設置されるようになってからは、母子健康手帳交付時に母子保健相談員（助産師・保健師）による妊婦面接が義務づけられました。この妊婦面接は、妊娠期から子育て期にわたるまで、切れ目のない支援を行うためのスタート地点です。子育て世代包括支援センターは、妊娠期を安心して過ごすための窓口であると同時に、出産後は育児の相談窓口にもなっています。使用できる制度やサービスも案内してもらえます。

⑥母子保健事業

出産後の母子保健事業には、産後ケア事業、新生児訪問（乳児全戸訪問）、乳幼児検診、育児相談などがありますが、特に産後ケア事業の活用は有効です。産後ケア事業は、産後1年までが対象で、訪問型と宿泊型があります。これは、母親と赤ちゃんが母子ショートステイ（宿泊）や母子デイケア（日帰り）、産後ケア訪問（助産師による家庭訪問）を利用して、母親の身体的ケアや心理的ケア、育児相談や授乳相談などの助産師によるケアを受けることができる事業です。実施主体は、市町村（特別区を含む）であり、事業にかかる費用は、自治体が負担する分も多いので、自己負担額は低く抑えられています。非課税世帯や生活保護世帯は、減免措置等の配慮もあります。支援には、出産後に家族等から十分な家事、育児等の援助が受けられない方等の条件があり、申請や事前の申し込みが必要ですので、お住まいの自治体でご確認ください。

⑦保育・家事援助の事業

他にも、保育・家事援助の事業としては、育児支援ヘルパー派遣事業、ファミリーサポートセンター事業、ショートステイ・トワイライトステイ、乳児ショートステイ、保育園による一時保育などがあります。また、住民参加型在宅福祉サービスもあります。

育児支援ヘルパーは、日常的な家事の支援をしてもらえます。授乳、沐浴、おむつ交換、未就学のきょうだいの世話など育児に関することや、食事の支度や掃除、洗濯などの家事の支援が受けられます。出産前（母子健康手帳交付時）から3歳になるまでの幼児がいる、育児や家事の支援を必要とするご家庭が対象です。

住民参加型在宅福祉サービスも、制度の枠にとらわれず、利用できます。運営組織は、社会福祉協議会、NPO法人、ファミリーサポートセンターなどがあります。東京都板橋区の実例でいいますと、社会福祉協議会の「ぬくもりサービス」や「NPO法人みんなのたすけあいセンターいたばし」などがあり、住民同士が支え合うことで成り立っています。有償の支援につき、利用者も費用負担があり、必要時に気兼ねなくサービスを受けることが可能です。

⑧育児・介護休業法

負担軽減のために真っ先に利用してほしいのは、男性の育児休業です。2021年6月に「育児・介護休業法」が改正され、2022年4月から段階的に施行されております。これは、男性の育児休業取得を推進するためです。2022年4月1日からは、育児休業を取得しやすい雇用環境の整備を企業に義務づけ、育児・介護休業取得要件も緩和されました。

さらに2022年10月1日からは、男性の育児休業取得推進のため、「産後パパ育休」が創設されました。具体的には、子どもの出生後8週間以内に4週間まで取得可能な育児休業で、従来の育児休業制度とは別に取得が可能です。

また、介護休業もあります。労働者が要介護状態にある対象家族を介護するための休業で、2022年4月1日より、入社1年以上であることという要件が廃止されました。これらの制度はここ数年で急速に整備されました。そのため、過去に取得ができなかったとしても、今なら取得できるかもしれません。支援者のライフスタイルに合った制度の利用が可能になっているかもしれないので、育児・介護休業法については、勤務先の担当者に確認するよう、声をかけてあげてください。

介護休業を取得する際に肝に銘じていただきたいのは、仕事と介護を両立できる体制を整えるための時期である、ということです。介護のために就労継続をあきらめないためにも、どのようなサービスを活用すれば仕事を続けられるか、という認識でいることが大事なのです。すべて1人で抱え込まないよう、自治体や地域包括支援センター、ケアマネジャーとも連携して支えることが肝要です。

ダブルケアラーの支援には、❶ただでさえ身体的負担の大きな女性にだけ育児と介護の負担を担わせてはいけないこと、❷パートナーである夫が育児や介護にかかわれるよう、周囲の人たちは自分たちの誤ったジェンダー意識を変えつつ環境を整えること、❸特に育児や介護、家事の負担を軽減するサービスを紹介し、具体的な使用方法をアシストすることが大切です。誰かに助けを求めることは、意外とハードルが高いのです。支援者の温かい声かけ1つで、ダブルケアラーやご家族の背中を押すことができます。

04 » 制度・サービスを使う際のポイント

以上の施設やサービスは主な子育てを支援する内容です。何を選択するかは各家庭の子育てに対する考え方や状況によるので、施設やサービスの特徴を参照にして考えていただければと思います。

しかし、ここに家族介護の要素が加わることにより、子育てに対する考え方だけでは判断することができなくなってきます。子育て支援事業者側の介護状況に対する理解や、事業者としてどのような支援ができるかを検討する必要がでてくることになり、事業者対応の個別性が高くなります。

①親子で使うサービス

介護が先にはじまっており、これから子育て支援施設の利用を考えているダブルケアラーであれば、各施設の特徴と現状を照らし合わせて、ケアラーの負担が極力少ない環境になる方法を検討してみてください。そして、利用したいと考えた施設がみつかったら、その施設の利用面接の際にダブルケアの現状を率直に伝え、施設側として状況に応じた対応がどこまで可能なのかを確認しておくとよいでしょう。

子育て支援の施設の利用がはじまった後で介護することとなった場合には、利用中の子育て支援施設の管理者等に実情を説明し、理解を求めていくことをおすすめします。ダブルケアの状況は日々変化していくものですから、状況によっては子育て支援施設の変更も視野に入れていく必要が出てくるかもしれません。

②保育の支援者が使うサービス

保育所の主な役割は、子どもが安全に過ごせる環境を整え、身の回りの援助をしながら基本的な生活習慣の自立を手助けすることです。一方、幼稚園の主な役割は、年齢に合った運動や遊びを取り入れたカリキュラムを設定し、成長の手助けをすることといわれています。

こういった手助けをするために、それぞれの施設で子どもたち1人ひとりの状況をアセスメントし、計画を立て、保育や教育をしていくだけでも大変なことです。そのうえ、子どもの家庭環境までは、とても手が回らないと思うこともあるかもしれません。

しかし、子どもは1人で生活しているわけではないので、家族の状況が子どもの成長に大きく影響することは言うまでもありません。子育て支援施設の職員として、家族に要介護者がいる子どもの支援について何ができるのかを、施設内で検討してみましょう。たとえば、保育所であれば、送迎時間をどこまで融通できるのか、一時保育の受け入れは可能か、幼稚園ならば、送迎バスのルートを見直すことで預かり時間の延長はできないかなどを考えることはできないでしょうか。

保育所や認定こども園、あるいは幼稚園などを利用している子どもの保護者が現在介護をしている状況で、子どもの帰宅後も保護者と接する時間が少ないとわかっているのであれば、施設利用時間中の子どもへのかかわり方を少し変えてみるなど、まずはできそうなことからはじめてみましょう。

さらに、可能であれば施設外の関係機関や関係者と情報共有することで、子どもを取り巻くダブルケア家庭に向けての支援内容の幅も広がっていくと考えられます。

③高齢者の支援者が使うサービス

地域包括支援センターとは、介護・医療・保健・福祉などの側面から高齢者を支える総合相談窓口です。専門知識をもった職員が、高齢者が地域で生活できるように介護や保健福祉サービス、日常生活支援などの相談に応じています。

ケアマネジャーの主な役割は、契約した要介護者等のアセスメントを行い、本人・家族の相談に応じ、ケアプランの作成や関係機関等との連絡調整を行うこととされています。介護を必要とする高齢者が地域で暮らし続けるために、家族環境を知っておくことは必須です。介護者が子育てもしているダブルケアラーであることがわかった時点で、対象である高齢者の背景であるケアラーを含めて相談に応じることが求められます。

とはいえ、地域包括支援センターにおいてもケアマネジャーにおいても子育てに関する知識を十分にもっている職員はあまり多いとはいえないでしょう。ではどのように対応していけばよいのでしょうか。

ここで提案したいのは、介護現場の相談員である地域包括支援センターの職員やケアマネジャーと、子育て現場（保育所や認定こども園・

幼稚園等）スタッフを含めた話し合いの場の設定してみることです。子育ての分野では多職種間の連携を図る仕組みがまだまだ少ない現状があります。しかしながら介護分野では、相談機関が多職種連携のつなぎ役となることが求められており「地域ケア会議」や「サービス担当者会議」等がそれに該当すると考えられます。

これらの会議のなかで、それぞれの支援関係者を招集し、支援内容の情報共有を図り、今、課題となっていること（ニーズ）は何なのかを明確にしたり、ニーズに対して誰がどのような役割を果たしていけそうかといった対応策を検討していくことが大切になってきます。各支援者の専門性を活かした役割を確認し組み合わせていくとともに、専門性を少し超えたところで手をつないでいければ、対象である高齢者とその家族であるケアラーと子どもの望ましい関係性が構築されていくことでしょう。

〈引用・参考文献〉
- 厚生労働省子ども家庭局保育課　保育を取り巻く状況について　令和3年5月
- 多賀太,【家族・働き方・社会を変える父親への子育て支援】基礎編　ジェンダーの視点から見た父親の育児支援（解説/特集）, 別冊発達, ミネルヴァ書房, 2017;33, 36-41
  Elliott, K., Caring masculinities: Theorizing an emerging concept. Men and Masculinities, 2016;19, 240–259.
- 厚生労働省　産前・産後サポート事業ガイドライン　平成29年8月
  https://www.mhlw.go.jp/file/06-Seisakujouhou-11900000-Koyoukintoujidoukateikyoku/sanzensangogaidorain.pdf
- 厚生労働省　そのときのために、知っておこう介護休業制度
  https://www.mhlw.go.jp/seisakunitsuite/bunya/koyou_roudou/koyoukintou/ryouritsu/kaigo/index.html
- 東京都産業労働局　東京都家庭と仕事のポータルサイト
  「ダブルケアと仕事の両立を推し進めるために」
  https://www.katei-ryouritsu.metro.tokyo.lg.jp/ikuji/columns/c9.html

Chapter 3-4

ダブルケアによる子どもへの影響（ヤングケアラー、不登校の課題）と支援のポイント

この節では、介護と子育て（就学児）が同時期に重なることによる子どもへの影響やどのような生活課題が考えられるのか、そして、支援や多職種連携のポイントについてご紹介していきます。

01 » ダブルケアによる子どもへの影響

学齢期の子どもがいる家庭において、60代〜70代の親、もしくは30代〜40代の配偶者がケアを要するようになると、子世代や配偶者は、ケアという新たな生活上の課題が生じ、仕事と子育てとの両立に奔走します。そして、時間的にも心理的にも余裕がなくなってしまう場合があります。

学齢期の子どもたちもお手伝いの延長線上で、買い物や食事づくり、洗濯物を干す、たたむなどの家事をしたり、ケアの必要な家族の見守りや身の回りのお世話などといったケアの役割を、自然な流れで協力していくようになります。なぜなら、家族のケアをしている母親や父親が頑張っている姿をみて、自発的に「自分も手伝いたい」「何か役に立ちたい」「自分のことは自分で」と思うからです。

また、子どもたちは、祖父母や父母といった身近な家族が体調を崩

してしまい、弱っていく姿を目の当たりにすることで、心を痛めます。病気や障がいによって苦しんでいる家族の姿を受け入れることは簡単なことではありません。

子どもたちの心は、とても繊細で敏感です。自分のことよりも困難を抱えている家族を優先してしまうこともあります。使命感や負担感に気づかないまま、家族のお世話が日常化し、子どもの年齢や発達に見合わないほどの大きな負荷がかっていると、子どもたちの健康面や学業面への影響が生じてしまいます。

親が気づけず、対応が難しいこともあるため、医療や介護サービスなどで接点のある専門職や学校の先生、地域の民生委員・児童委員などが、子どもたちの変化や異変に早期に気づいて、子どもたちが抱えている負担を軽減していくかかわりが大切になります。

①ヤングケアラーの概念

ここで、ヤングケアラーの概念についてご紹介したいと思います。まず、ヤングケアラーは、日本にはまだ法令上の定義はありません。一方、世界各国ではヤングケアラーについて正しく理解し、支援するための取り組みを行っています。

具体的な例として、もっとも先進的な国であるイギリスでは、「1989年子ども法」第17条において、地方自治体でサービスが提供されなければ、健康や発達を維持する機会をもてない状態、健康や発達が著しく損なわれる状態の児童を「要支援児童」として定義し、行政は子どもとその家族に支援を提供する責任を明確にしています。

さらに、「2014年家族と子どもに関する法律」第96条において、ヤングケアラーを「他の人のためにケアを提供している、または提供しようとしている、18歳未満の者」と位置づけて、「ヤングケアラーのニーズに関するアセスメント」を実施する体制を整えています。

日本では、2021年3月に立ち上がった国の「ヤングケアラーの支援に向けた福祉・介護・医療・教育の連携プロジェクトチーム」の報告では、ヤングケアラーを「本来大人が担うと想定されている家事や家族の世話などを日常的に行っている児童」としました。これによって、病気や障がいがある家族をケアしている子どもだけでなく、幼いという理由のみできょうだいの世話をしている子どもを含むことが示されています。

昔から、家族のケアをしていた子どもは存在していたと思いますが、ようやく政策課題として注目され、ヤングケアラーという言葉によって、家族のケアを担う子どもたちとして、意識づけされた状況となりました。

一般社団法人日本ケアラー連盟において「ヤングケアラーは、家族にケアを要する人がいる場合に、大人が担うようなケア責任を引き受け、家事や家族の世話、介護、感情面のサポートなどを行っている18歳未満の子ども」と説明しています。

多くのヤングケアラーにとって、家族のケアをすることは当たり前のこととして受け入れられており、ケアをしていることの自覚がありません。自覚があったとしても、病気や障害のある家族のことを言うのは恥ずかしいという心情もあります。このため、周囲が気づきにくく、見過ごされ、適切な支援につながらず、1人で負担を抱えてしまっているのが現状です。

国が行った調査によると、中学2年生の場合で17人に1人、高校2年生の場合で24人に1人であることがわかりました。ケアの対象となる人は、きょうだいや父母が多いという傾向がありますが、祖父母や他の親族等の場合もあります。また、そのケアを要する人は、身体障害または知的障害、認知症や精神疾患、アルコール依存症、がんなどの慢性疾患の状態にあります。子どもたちが担っているケア内容は、家族の代わりに家事をしたり、きょうだいのお世話、保育園の送迎、外出の同行、通訳、感情面のサポートなど多様です。

②ヤングケアラーによる支援対象者の状況

国が中高生を対象に行ったヤングケアラー実態調査の結果のなかから、世話を必要としてる祖父母の状況について焦点をあてていきたいと思います。

「祖父母の状況」(図2) をみると、要介護認定を受けている方へのケアの割合が高いことがわかります。さらに、認知症の症状や、身体障害を伴っていることもあります。そして、ケアの内容については、「見守り」が5割ほどとなっており、次いで「家事（食事の準備や掃除、洗濯)」「外出の付き添い」「感情面のサポート」の順になっています。

認知症の祖父母をケアしている場合、主たるケアラーは父母ということもありますが、その父母が仕事などで不在のときは危険がないよ

図2 祖父母の状況(複数回答)

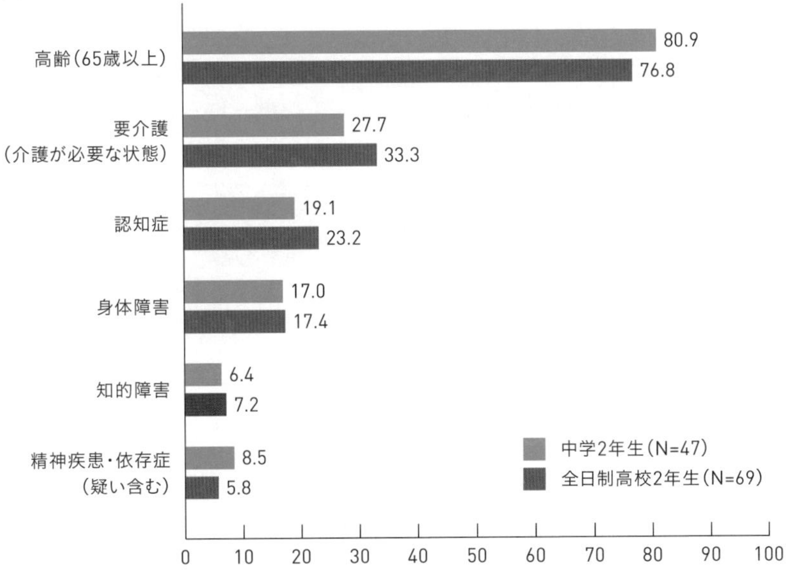

出典:三菱UFJリサーチ&コンサルティング「ヤングケアラーの実態に関する調査研究 報告書」2021年3月、94ページを一部改変

うに見守りをしていることがあります。また、放課後すぐに帰宅し、デイサービスから帰ってくる祖父母を家で迎え入れ、その後の夕食のお世話をしている場合もあります。認知症の程度によっては意思疎通が難しくなる場合があり、精神的なストレスが強くなってしまうことが考えられます。

また、ケアをしている親がストレスを抱え、精神的に追い詰められていると、その親の愚痴を聞いたり、話し相手になるなど、顔色を伺いながら感情面のサポートをしていることが想定されます。

見守りや感情面のサポートは、とても緊張感を伴い、気疲れするものです。学校にいても、家にいる家族を気にして授業に集中できない場合もあります。しかも、可視化、数値化が難しく、その度合いを把握することは、本人も周囲の人も難しいことではないかと思います。

③子どもたちの学業や健康への影響

ケアをするために勉強や宿題をする時間や精神的な余裕がなかったり、デイサービスの送り出しや通院の付き添いなどのために学校を欠席や遅刻せざるを得ないことがあります。欠席が続くと、授業についていけなくなり、成績が振るわなくなってしまったり、さらに不登校に発展してしまったりする場合もあります。

また、授業が終わったらすぐに帰宅をしなければならず、部活動を辞めてしまう。また、家族と離れることに心配を感じて宿泊を伴う学校行事には参加しないという状況になり、学生らしい経験を過ごすことができにくくなります。

友だちとの関係性についても影響が生じています。ケアが忙しくて、遊んだりする時間がとれず、友だちの話題についていけず、一緒にいても楽しめないこともあります。また、友だちに心配をかけたくないという思いや、家族のことを差別的に思われることを心配する気持ちから、周囲に自分の状況や家族のことを打ち明けられず、隠すこともあります。さらに、嘘をついてごまかしたり、隠したりすることに対する罪悪感に悩み、疲れてしまうこともあります。このようなことがら友人関係が疎遠になってしまい、孤立してしまうケースも少なくありません。ケアをしている子どもたちにとって、家庭と学校という限られた場のなかで、話を聞いてくれる人、理解してくれる人がおらず、安心して話せる場所がないために、孤立に陥ってしまいます。

また、子どもたちの健康面に影響が生じる場合もあります。常に家族のことを気にかけ、見守りをしていると、緊張が続いている状態になります。それによって、疲労や睡眠不足、ストレスから心身に不調をきたしてしまいます。家族のケアのことだけでなく、学校のことや友人との関係も思うようにいかないなどの影響によって、抑うつ的な気分になり、落ち込んでしまったり、食事が摂取できずに瘦せてしまったりする場合もあります。自暴自棄になり、自分を傷つけてしまうこともあります。

ある小学校低学年の女児は、母親と一緒に、遠方に暮らす認知症の祖父に会いに出かけていました。週末になると新幹線での移動する機会も増えました。次第にその女児は、便秘になったり、湿疹が出たりするなど、ストレスが身体の不調として現れてしまいました。このように、子どもたちが自らストレスや負担を、言葉で表現することは難しく、眠れなくなる、夜尿が現れる、体重の増減がある、抑うつ的、あるいは、暴力的になるといった不安定な心身の状態が現れます。

本人がどんな気持ちなのか、主観的な負担感や疲労感を丁寧に確認しながら、家族を大切にすることと同様に、自分自身を大切にしていけるように促す声かけ、適切な時期に医療サービスにアクセスできるような働きかけが必要になります。

最後に、子どもたちの将来への影響についてご紹介します。中学生や高校生の場合、ケアが優先となり、自分の将来を考える時間がとれず、進路を変更したり、受験の準備が十分にできなかったりします。家族が病気や障がいがあって自由にできないのに、自分だけ楽しく過ごしていいのだろうか、自分の人生を生きていいのだろうかと進路選択をためらってしまう心情もあります。18歳以降もケアを継続する場合、学業との両立が難しくなったり就職活動の際には、自己アピールができず悩んだり、就職をしてもケアを理由に離職をしてしまうなど困難が生じたりすることがあります。また、正社員ではなく、非正規雇用やパートという働き方を選択することで、経済的に困窮してしまう場合もあります。家を離れて1人暮らしをすることについて、葛藤をしているケースも少なくありません。

16歳くらいから20代半ばくらいまでの大人への移行期に、その人らしい人生を歩めるように適切な情報にアクセスすることができ、本人が気にかけている家族のことも含めて、将来について相談できる人や場所が必要です。

02 » ヤングケアラーへの支援・連携のポイント

①子どもの権利を守る

厚生労働省は、本来大人が担うと想定されてる家事や家族の世話などを日常的に行っていることにより、子ども自身がやりたいことができないなど、子ども自身の権利が守られていないことが問題であると述べています。子どもの権利とはどのようなことでしょうか。子どもの権利について、国連は1990年に「子どもの権利条約」を発効しています。子どもの基本的人権を国際的に保障するために定められた条約です。日本では1994年に批准しています。

主に「生きる権利」、「育つ権利」、「守られる権利」、「参加する権利」の4つに大きく分けられています。前文と本文54条からなり、子どもの生存、発達、保護、参加という包括的な権利を実現・確保するために必要となる具体的な事項を規定しています。

ヤングケアラーに関連する子どもの権利（抜粋）

第2条	差別の禁止
第12条	意見を表す権利
第17条	適切な情報の入手
第24条	健康・医療への権利
第27条	生活水準の確保
第28条	教育を受ける権利
第31条	休み、遊ぶ権利

ヤングケアラーの負担を考えるときに、この子ども権利条約が参考になります。例を挙げると、家族をケアすることで学校に行けなくなってしまったら、第28条の教育を受ける権利が侵害されています。その他、第12条の意見を表す権利があるため、当たり前だからと強要されている場合に、「ケアをしたいか・したくないか」という意見を表すことを支えていくことも大切です。さらに、第17条の適切な情報の入手という権利があり、家族の病気などの情報を知ること、第24条の健康・医療への権利として、子ども自身が健康で過ごせるように、医療や社会的なサポートを受けることができます。

このように、この子どもの権利という考え方に照らし合わせていくことで、権利が奪われていないか状況をみていくと、何が課題なのかが浮かび上がります。

ケアをしていない同世代の人たちが経験していることができずり、あきらめてしまうことがあり、ライフチャンスを逃してしまう危険性があります。また、その子どもの年齢や成長の度合いを考えたときに、不適切なケアや過度な負担を抱えていないかを丁寧に状況や子ども自身の気持ちを確認したうえで、判断していくことが大切です。

②アセスメントの視点

ここでは、ダブルケアの家庭における子どもたちをどのような視点でアセスメントしていくのかポイントを紹介したいと思います。

まず、子どもたちが家族のケアをすること自体は悪いことではありません。調理や洗濯などの家事、食事介助や排泄の介助、見守りや感情面のサポートをしていると、多くの経験や家族との深い連帯性、社会スキルを身につけることができる、よい面もあると思います。その一方で、手伝いの範疇を越えて、日常的に子どもが家族のケアの役割や責任を負って逃れることができないほど、大人から介護力としてあてにされてしまうことが課題であると感じます。

次に、他者が子どもをそのように介護力として使っている大人をダメな親であるとか、悪者としてみてしまうことは誤解を生みます。家庭全体をみる視点をもって、子どもに影響が生じるほど、ダブルケアをしている親に余裕がない、大人が困っている状況であると考え、要介護者とダブルケアラー、そして、子どもを一体的に支援していくアセスメント力、そして、支援計画立案が求められます。

特に、ダブルケアの家庭における学齢期の子どもに対しては、身体状況や健康状態、心理状態（負担感、抑うつ状態、ストレス）、社会面としては、学校生活への参加・成績、友人関係の状況、自分のやりたいことをする時間、家族との関係性、そして、ケアの内容、頻度や量、ケアにかけている時間、ケア役割に対する認識や気持ちを確認する必要があります。

③連携のポイント

ダブルケアの家庭（子どもが学齢期）に対しては、介護保険サービス、医療サービス、保育サービス、教育機関、公的な相談機関といった多機関や多職種が協働できる体制づくりが求められます。現在は、各機関に窓口があるため、相談者は複数の窓口に問い合わせなければ解決につながらない場合もあり、時間や労力を使い、負担がかかります。可能な限り、支援者や支援機関が横につながり、サポートチームができることが大切です。事例をもとに解説したいと思います。

ホームヘルパーの立場の方が、祖母のケアのために訪問をすると、子どもが登校せずに家で過ごしていることを発見しました。子どもにはあいさつをする程度の会話しかできず、状況は把握しにくい様子でした。

図3 事例の家族関係

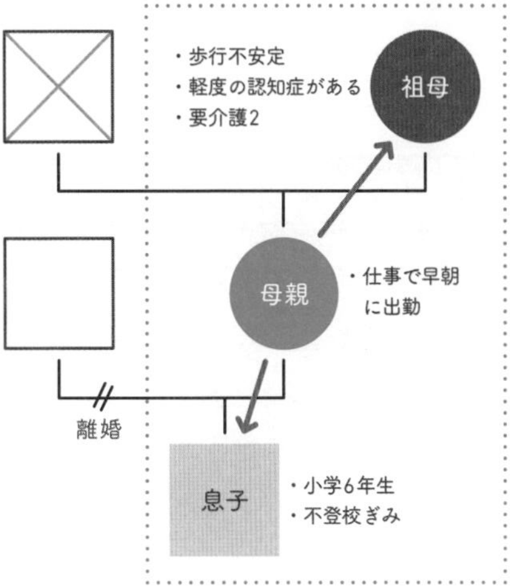

その後、ホームヘルパーは、ケアマネジャーと情報共有し、母親に状況を確認すると「仕事で朝早く出かけるので知らなかった。息子とは最近、話をしていない」と困惑している様子であった。ケアマネジャーとホームヘルパーは相談し、しばらく様子をみながら、息子が家にいるときは、流行しているアニメの話をしたり、息子の趣味の話などをして、関係づくりをしていきました。すると次第に、息子から「夜遅くに、おばあちゃんが起きて、母と喧嘩みたいにしているから、うるさいし眠れないんだ」「学校に行こうと思っているけど、眠いしだるくて、休んでいる」と心情を教えてくれました。「そうだったんだね。お話ししてくれてありがとう」「学校を休んでいると勉強のこととか心配はある?」「友達とかと遊んだりするのが減っているのかな?」と確認をすると、うなずいて、目に涙を浮かべていました。

その出来事から、母親と息子で話ができるような機会を調整し、学校に行きたいけれど行けなくなったしまったこと、祖母との関係を心配していることを共有しました。また、学校の担任の先生に母親から連絡をしてもらい、学校と情報共有することができました。すると、学校の先生とスクールソーシャルワーカーが家庭訪問をして、息子の話を聴いてくれました。息子は、学校に行くことを前向きに考えるようになり、友だちとも連絡をとり一緒に遊ぶ時間をもてるようになりました。

この事例のように、直接、介護サービスの関係者が教育機関と連携を取ることは、容易ではないため、家族（保護者）から学校へ連絡をしてもらうか、それが難しい場合は、自治体の子ども・子育て支援課へ「要支援児童」として連絡をして、支援要請をすることで学校とつながる糸口になると思います。家族（保護者）が子どもに対してのかかわりに抵抗感や拒否する場合もありますので、家族の心情も受けとめつつも、子どもの権利侵害がないかどうかの確認をしながら検討をすることが大切です。また、要介護者へのケアについて、ケアラーの負担状況も考えながら、ケアプランの見直しを行っていくことが大切です。

03 » ダブルケアラーの負担軽減のために利用が推奨される制度やサービスの概要、相談窓口

ダブルケアラーやヤングケアラーの認知度が十分に行き届いていない現状であり、各地域で支援体制整備の取り組みが進み始めた段階です。厚生労働省は、2021年より積極的にヤングケアラーへの支援体制の構築に向けて施策を推進しています。

地方自治体に関係機関と民間支援団体等とのパイプ役となる「ヤングケアラー・コーディネーター」を配置し、ヤングケアラーを適切な福祉サービスにつなぐ機能の強化等を進めています。福岡市、江戸川区、北海道などで先駆的に配置されています。

令和4年6月に成立・公布された「児童福祉法等の一部を改正する

法律」（令和4年法律第66号）により、令和6年4月から、市町村において、支援を要するヤングケアラーを含め、要支援児童の保護者等に対し、その居宅において、子育てに関する情報の提供並びに家事及び養育に係る援助その他必要な支援を行う「子育て世帯訪問支援事業」が創設されます。これからの制度やサービスになりますが、体制づくりの強化が望まれるところです。

子育て世帯に対する包括的な支援のための相談窓口としては、市区町村の子育て支援課やこども家庭センター（児童福祉）や子ども世代包括支援センター（母子保健）が、対応部署になります。地域子ども・子育て支援事業において、訪問型支援、通所型支援、短期入所支援の充実を図り、子育て短期支援事業や一時預かり事業が拡充されていく方向です。

ヤングケアラーの状況にある子どもたちに向けて、SNS（公式LINEアカウント設置）を利用した相談窓口を設置している自治体（埼玉県、神奈川県、大分県）もあります。

また、地域のインフォーマルなサポートとしては、ダブルケアカフェや子ども食堂、フードパントリー、学習支援が挙げられます。こういった家でも学校でもない、第三の居場所をつくり、子どもたちが安心して過ごせる場を地域のなかに増やしていくことが求められています。

地域のなかには、主任児童委員、民生委員も親身になって相談に乗ってくれる存在です。学校や教育委員会、そして、学校に派遣や常駐しているスクールソーシャルワーカー、スクールカウンセラーとの協力体制が組めるように、日頃から顔の見える関係性やお互いの期間の役割の確認をしておくことが大切であると思います。

〈参考文献・URL〉

- 厚生労働省　ヤングケアラーの支援に向けた福祉・介護・医療・教育の連携プロジェクトチーム https://www.mhlw.go.jp/stf/shingi/young-carer-pt.html
- 三菱UFJリサーチ＆コンサルティング　ヤングケアラーに関する調査（子ども・子育て支援推進調査研究事業費補助金）2020年　全国中高生・学校・要対協調査 https://www.murc.jp/wp-content/uploads/2021/04/koukai_210412_7.pdf
- 日本ユニセフ協会　子どもの権利条約　https://www.unicef.or.jp/about_unicef/about_rig.html
- 一般社団法人日本ケアラー連盟　https://carersjapan.jimdofree.com/

Chapter 3-5

ダブルケアラーの就労支援の課題と支援のポイント

01 » ダブルケアによる就労への影響

①介護離職の現状

一般企業（メーカー、広告代理、システム構築など）に勤める従業者へ出張介護セミナーや個別の介護相談を行っていると、自ら過酷なダブルケアラーの道を選ぼうとする方とたびたび出会います。

「近くに住んでいるきょうだいは私だけです」「一人っ子で他に頼れる人はいません」「親戚から、仕事を辞めて家族の世話に専念しては、と言われています」など、大変さを知らないままに、まるで苦労を磁石のように吸い寄せて抱え込んでいこうとします。

家族への感謝の気持ちや責任感からの決断であるため、全面的に否定することはできませんが、その過酷さは目を逸らしたくなるほどです。介護うつになり、辞表を提出されてから介護相談につながることも少なくありません。

つまり、就労しているダブルケアラーへの支援での課題は「家族ケアのために就労をあきらめてしまうこと」です。働きながら、親の介護と育児をしていれば、時間の余裕が全くない状況で、心身ともに疲弊しているケースがほとんどです。終業後や休日を自身の休みにできないことが慢性的に続いていけば、仕事への影響が出るのは当然です。「これ以上、職場には迷惑をかけられない」と就労をあきらめてしまうと、一時は負担が軽減されるかもしれませんが、さらに厳しい状況に追い込まれることになります。

「令和3（2021）年度仕事と介護の両立に関する実態把握のための調査研究事業報告書」の「介護離職後の負担の変化」によれば、介護離職することで「精神面」が66.2%、「肉体面」が63.2%、「経済面」が67.6%の人が、離職後に負担が増したと答えています。つまり、負担軽減に介護離職は効果的手段ではないということです。仕事と介護の両立だけでもかなり困難な状況に追い込まれるケースが少なくないなか、さらに育児も背負っていれば、当然に離職のリスクは高くなります。

②離職を防止するための対策

ダブルケアラーの離職を防ぐために有効なことは、早期に相談することです。たとえば、私の法人では企業へアウトリーチをして、社内イントラで介護コラムを発信する、親が元気なうちが成功の秘訣といった介護セミナー、身近な相談先の管理職向けの強制研修などを繰り返し行っています。こうして「里帰り出産したときに父の様子がおかしいと思ったが、今から何をするべきか」といった、ダブルケアになる手前の相談を増やすことができます。この段階で相談すれば、介護休業を取得して、子どもの保育園を休ませて、子どもとともに実家に泊まり込んで介護、というような事態を防ぐことができます。

啓発活動のポイント

「それは、企業と顧問契約をした支援だから実現できるのではないか」と思われるかもしれませんが、地域包括支援センター、居宅介護支援事業所、社会福祉協議会、保健福祉センター、男女共同参画推進センター、子ども家庭支援センター、児童相談所などが連携して、ダブルケアに関する講座の開催、講座動画のアーカイブ配信、コラムの発信、地域交流会の定期的な開催など、早めの相談を促すための取り組みは実施可能です。実際に、講座は毎回満員となっています。子ども同伴や保育サービス付きで開催したり、オンラインセミナーにするなどの工夫をして、参加へのハードルを下げることも有効です。

介護セミナーや個別相談で伝えている共通のメッセージがあります。それは「親の介護と子育てが同時に発生したら、迷わず子育てを優先すべき」ということです。介護も子育ても大切な家族への生活サポートであるため「子どもばかり優先して、親を見捨てているのではないか」と悩みがちです。ただ、親子の関係はすでに出来上がっているものです。介護が必要となったからといって、これまでの関係を無視して接近すれば、関係性がよくなるどころか、悪くなってしまうケースがほとんどです。一方で子育てについては、愛着形成のために直接のかかわりが重要となります。

つまり、介護と子育てでは家族として担う役割がまったく異なるのです。このような説明をしながら「安心して子育てを優先してくださいね」と伝えています。

介護と家族の関係

次に、介護と家族関係について解説していきたいと思います。人の支援をする基本姿勢として「Cool head but warm heart（冷たい頭と温かい心）」というものがあります。適切なケアをするために大変重要な姿勢ですが、家族を直接介護するのに「Cool head」が維持できる方がどれほどいるのでしょうか。

たとえば、自分の母親が認知症になり、長年の趣味である琴を弾くのに困っていたとします。幼少のころから聴いていた琴の音色を外すようなことがあれば、「上手く弾けないなら近所迷惑だから弾かないでくれ」と感情的になるでしょう。もしかしたら、琴を捨ててしまうかもしれません。ここで適切なケアは「なんで琴を習っていたの」「音合わせってどうやってやるの」「手に付ける爪みたいな物は何て名前なの」などと、母親が答えやすい質問を繰り返しながら、心地よい記憶の刺激をすることでしょう。上手に弾くことができるかどうかは、大した問題ではありません。ここでの課題は、認知症となった母親を受け入れられない「私」の感情にあります。重要なことは、たとえ適切な対応を理解していたとしても、冷静さが維持できず、つい感情的になってしまうことです。そのため、介護職であっても自身の親の介護は適切にできないのは当然なのです。

これまでの家族の距離感を大切にして、直接のケアはプロ（他人）に任せることは、適切な介護をするために必要不可欠です。介護よりも愛情を大切にすることが重要です。介護と愛情を切り離して捉えて、だからこそ、介護のプロに頼って任せる必要があります。直接の介護はアウトソースして、最期まで愛情表現できる余裕をもつことが親孝行になります。まず、支援者自身が「自分が親にできる本当の親孝行は何か」を繰り返し問うことが、自信をもって相談者を支援することにつながります。

02 » 就労ダブルケアラーの介護相談の流れ

①申し込み時

働いているダブルケアラーの相談の流れを紹介します。相談を効率的に進めるために、申し込み時に相談内容を簡単に書いてもらいます。「子どもを夫に任せて実家に泊まり込み、父の介護をする母の手伝いをしています」「せっかく寝かしつけた子どもを起こしてしまうので、母にはデイサービスに行ってもらいたいのですが、頑として拒否されます」といった1行のなかにも、相談者の「考え方のゆがみ」を予想して、相談に向かうようにしています。たとえば「相談者の心配から行っている泊まり込みではないか。相談者が泊まり込んで母を助けていることが介護サービス利用の阻害要因になっていないか」「母は何か役割を担いたくて子どもを起こしてしまうのではないか、家族が強く説得するから母が頑なになっているのではないか」などが考えられます。書かれているのはあくまでも、支える家族としての困り事です。要介護者の困り事や解決するべき課題は、まったく別にあることがほとんどです。

②相談場面〜インテーク

実際の相談の場面では、信頼関係づくりのためにも、最初は傾聴に徹します。「考え方のゆがみ」を予想していると、つい質問攻めにしたくなります。ただ、アドバイスを実施してもらうためには信頼関係が必要です。また、悩みを聞くだけでも、かなりの支援になります。

当法人の相談は、1人50分〜1時間の相談となっていますが、その半分は話を聞くことに徹しています。緊張を緩和するために「今日はお忙しいなか、ご相談のお時間をつくっていただきありがとうございます」と相談者に感謝の気持ちを伝えます。そして、「今日ここでお話しいただいたことは一切外には漏れませんのでご安心ください」と安心・安全を確保したうえで「また、事前にいただいている情報はしっかり拝読しておりますが、重複してもかまいませんので、今の状況や悩んでいることやご質問されたいこと、なんでも自由にお話しください」と説明を促します。あまりお話しにならない場合でも「私のほうからご質問させていただきますね。わからないことや答えたくないことがありましたら遠慮なくおっしゃってください」と前置きすることで、安心して返答されます。はじめて育児や介護の話を他人にする方が多いので、丁寧な信頼関係づくりが重要です。

③相談場面～提案

しっかり話を聴いたのちに、自己肯定感を高めるための感想を伝えます。「育児も介護も同時に、よくここまでなさっていると感じました。本当にお疲れ様です。ご自身の体調は大丈夫ですか。これ以上頑張ったら、相談者さんが最初に倒れてしまいますよ」など、さらに信頼関係づくりを行います。そのうえで、実施いただきたいアドバイスとその理由を伝えていきます。

「なんでもやってくれる娘さんがいると、介護しているお母様は困らないので、他人である介護サービスを頼らずにすんでいるのかもしれません。ここは、地域包括支援センターに相談しつつ、泊まり込みをやめてみてはいかがでしょうか」「最初からデイサービスに喜んで行く方はほとんどいません。家族が焦って懸命に説得することで、お母様がより頑なになってしまっている可能性もあります。ケアマネジャーやデイサービスのスタッフと作戦会議をして、お誘いを全面的に任せてみてはどうでしょうか」といった形で、具体的なタスクとその理由を伝えます。

ここで重要なことは、相談者の思いに共感しつつも、要介護者である家族の支援に徹したアドバイスをすることです。相談者は日々起きるイレギュラーなタスクを懸命にこなしています。今の状況を構造的にとらえて、適切に課題設定をすることが困難な状況に陥っています。介護で苦労している相談者の要望に答えても、要介護者の支援になっていなければ、課題は発生し続け、また相談者を苦しめていきます。支援者はこの負のループに巻き込まれてはいけません。相談者が求める答えではないアドバイスを実施してもらうためにも、丁寧な信頼関係づくりは欠かせません。

表4　主な両立支援制度の概要

目的			両立支援制度	制度の概要
妊娠出産	育児	介護		
◇			深夜勤務及び時間外勤務の制限	妊産婦である職員が深夜勤務・時間外勤務しないこと
◇			健康診査及び保健指導	妊産婦である職員が健康診査・保健指導のために勤務しないこと
◇			業務軽減等	妊産婦である職員が業務を軽減し、または他の軽易な業務に就くこと
◇			通勤緩和	妊娠中の職員が交通機関の混雑を避けるため始業または終業時に1日1時間まで勤務しないこと
◇			休息または補食	妊娠中の職員が母体・胎児の健康保持のため、適宜休息し、補食すること
◇			産前休暇	産前6週間前(多胎妊娠の場合は14週間前)から出産の日までの休暇
◇			産後休暇	出産の翌日から8週間を経過する日までの休暇
◆			配偶者出産休暇	妻の出産に伴う入退院の付添い等を行うための休暇(2日)
	◆		育児参加のための休暇	妻の産前産後期間中に、未就学児を養育するための休暇(5日)
	◎		育児休業	3歳未満の子を養育するための休業
	◎		育児短時間勤務	未就学児を養育するため、通常より短い勤務時間(週19時間25分等)で勤務すること
	◎		育児時間	未就学児を養育するため、1日2時間まで勤務しないこと
	◎		保育時間	1歳未満の子の授乳等を行う場合に30分勤務しないこと(1日2回まで)
	◎		子の看護休暇	未就学児を看護するための休暇(年5日[子が2人以上の場合は10日])
		◎	介護休暇	家族の介護を行うための休暇(通算6月。3回まで分割可)
		◎	介護時間	家族の介護を行うための休暇(連続3年の間に1日2時間まで)
		◎	短期介護休暇	家族の介護を行うための休暇(年5日[要介護者が2人以上の場合は10日]まで)
	◎	◎	フレックスタイム制	総勤務時間数を変えずに、日ごとの勤務時間数・勤務時間帯を変更
	◎	◎	早出遅出勤務	未就学児の養育、小学生の放課後児童クラブへの送迎、家族の介護のため、勤務時間帯を変更
	◎	◎	深夜勤務の制限	未就学児の養育、家族の介護のため、深夜(午後10時～午前5時)に勤務しないこと
	◎	◎	超過勤務の免除	3歳未満の子の養育または家族の介護のため、超過勤務しないこと
	◎	◎	超過勤務の制限	未就学児の養育、家族の介護のため、「1月に24時間、1年に150時間」を超えて超過勤務しないこと
◇	◎	◎	休憩時間の短縮	未就学児の養育、小学生の送迎、家族の介護、妊娠中通勤配慮のために、職場にいる時間を短縮

注：[◇] 女性のみ対象とする制度、[◆] 男性のみ対象とする制度、[◎] 男女とも対象とする制度
※詳細については、所属機関の人事担当に確認してください。

出典：人事院「育児・介護のための両立支援ハンドブック」平成29年1月、5、6ページを一部改変

④相談場面～クロージング

「その他、ご質問はありますか」「こんな話で大丈夫でしたか」と相談終了のきっかけを作り「本日アドバイスしたことに取り組みながら疑問に思うことがあれば、ぜひまたこの相談をご利用ください。また、これからもさまざまな変化があると思いますので、お気軽に相談をご利用ください」とつながりを維持して相談を終了します。相談終了後は、フォローの予定を設定して「その後の様子はいかがでしょうか」とメールなどで連絡し、状況によって再度の相談を促していきます。

03» 支援者として大切なこと

①自らのメンタルケア

このような相談を安定的に提供するためには、支援者のメンタルを穏やかに維持しなければなりません。私は月40～50件の相談を受けるなかで、まず自身のメンタルを健全に守ることを意識しています。「自分がアドバイスした内容は正しかったのだろうか」と悩んでしまうと、フラットな気持ちで相談に向き合うことができなくなります。ソーシャルワークという既存の技術に頼ることで、自責の念を下げるようにしています。特に、アメリカの個別支援の実践者で社会福祉学者であるF.P.バイステックの『ケースワークの原則 援助関係を形成する技法』（誠信書房、2006年）には大変助けられています。私的な感覚表現ではありますが「自分という入れ物を使って、ケースワークを実践しているだけ」と考えるようにしています。

また、自身の性格を深掘りして客観視したうえで、それを日々の支援に活かすということを相談支援で実施することは難しいものです。さまざまな研修を受けるなかで、伊藤絵美先生の認知行動療法やストレスコーピングは実践的で大変役立ちました。その結果､「必ず助ける」といった支援者特有の正義感から来る思い上がった気持ちを手放し、伴奏的支援の価値を知ることができたことは、大変有益でした。

②社会資源の調整に

自身をストレスから守るという意味では、社会資源の調整に関して「期待しない、怒らない」ことが重要です。ダブルケアの支援を進めるためには、地域によって微妙に異なる、機関ごとの役割分担を読み解いてつなぐことが必要です。うまくいかないと「なぜ協力してもらえないのだろう」という感情にとらわれてしまいます。

改めて現状を構造的にとらえ直したうえで、相談者の地域ではどこが協力機関となり得るのかを各自治体へ問い合わせます。該当する機関に「勉強不足で大変申し訳ありませんが、そちらの機関の役割から考えて、障害のある子どもの相談にはどのように応じてくださっているのでしょうか」などと聞いていきます。

各機関の役割を理解しつつ、前向きな協力者を探していきましょう。このように、売れない商材を販売する営業マンのような姿勢で向かうことが、ストレスを受けにくい社会資源の調整には必要ではないでしょうか。

③育児・介護休業法による休業

就労しているダブルケアラーを支援する制度として「育児・介護休業法」による休業の取得が思い浮かぶかと思います。重要なことは、育児と介護での休業では取得する目的がまったく異なるということです。育児休暇は直接育児をするために取得するものですが、介護休業は直接の介護ではなく、介護体制づくりのために活用するものです。

平均介護期間は約5年（生命保険文化センター「生命保険に関する全国実態

調査」／2021(令和3)年度）ですが、育児・介護休業法で企業に義務づけられている介護休業は93日間です。直接の介護に介護休業を使うことは想定されていません。残念ながら企業の人事・労務の担当者だけでなく、取得する当事者や支援者も、このことをほとんど理解していません。そのため、育児休業で里帰り出産し、父親の世話が大変な状況だったので、そのまま続けて介護休業を取得した、といったことが起きてしまうのでしょう。

一方で、介護体制づくりのために介護休業を活用しようにも、その具体策が見えづらいのも事実です。そこで、介護を4つのフェーズに分け、フェーズごとの活用内容と必要日数の目安をまとめたものが図4の休業制度活用イメージです。

図4 休業制度活用イメージ

フェーズ	フェーズ1 初期体制構築	フェーズ2 体制強化	フェーズ3 安定	フェーズ4 看取り
介護の状況	要介護状態が発覚	日常生活の一部に手助けが必要	日常生活の全般に手助けが必要	食事量の急低下、血圧低下、呼吸苦継続的な高熱
タスク	介護保険申請 ケアマネジャー選びなど	状況に応じメンテナンス ケアマネジャーとの信頼構築	状況に応じメンテナンス 老人ホーム探し・入居	看取り体制の構築
タスクと休暇日数の目安	訪問調査同席 （半日〜1日） ケアマネジャー初回相談 （半日〜1日） ケアカンファレンス出席 （半日〜1日）	ケアカンファレンス出席 （半日〜1日） デイサービス・ショートスティ見学 （2〜3日） サービス利用拒否の急遽帰宅の対応 （2週間）	ケアカンファレンス出席 （半日〜1日） 老人ホーム見学 （2〜3日程度）	家族と最期の時間を過ごす （1週間〜1ヶ月）

介護で長期休業はハイリスク!!

在宅勤務（テレワーク）は活用方法に要注意

要介護状態が発覚するフェーズ1では初期体制を構築し、フェーズ2で支援者とのコミュニケーションが繰り返されることで体制が強化されていきます。そして、フェーズ3で安定の段階を迎え、フェーズ4の看取りを余裕をもって迎えることができます。脳梗塞を再発する、転倒骨折する、認知症の進行により日常生活への影響が大きくなる、などにより、フェーズ2と3は行き来することもあります。

④テレワーク・在宅勤務の課題

当法人の調査結果（介護離職白書）からもわかるとおり、介護が始まってから2年未満で退職する方がほとんどです(図5)。つまり、フェーズ1で初期体制構築ができないまま、直接の介護に打ち込みながら仕事との両立に悩み、退職を選んでしまうのです。フェーズ1の段階から直接介護にどっぷり浸かってしまうと、フェーズ4の看取りまでに家族関係が悪化してしまい、家族らしい声かけができなくなってしまいます。この4つのフェーズを意識してかかわることができれば、少ない日数の休業で十分対応が可能なのです。

コロナの感染予防を目的としてテレワーク・在宅勤務が推奨され、

図5 介護開始から介護離職するまでの期間

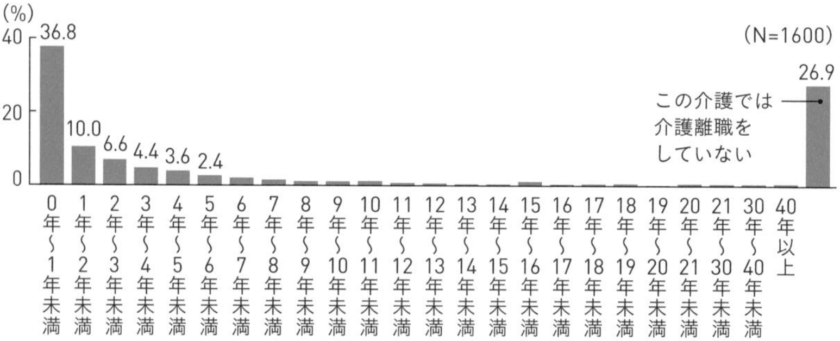

出典：NPO法人となりのかいごが行った調査『介護離職白書』41ページ
https://www.tonarino-kaigo.org/wp/wp-content/uploads/2020/06/kaigorishokuhkusyo_20200713.pdf

その結果、家族の介護を目的としたテレワーク・在宅勤務を活用する方からの相談が増えました。ときに、子どもを伴って、実家からテレワークをしている方もいらっしゃいます。残念ながら、仕事と介護にテレワーク・在宅勤務を活用しているケースは、いずれも介護環境を悪化させる結果となっています。歩行に不安がある父親、記憶力が低下している母親が近くにいるなかでは、仕事の生産性は下がるのでしょう。オンライン会議中に転倒したと思われる大きな音がしたり、認知症の母親がオンラインミーティングに乱入したりするかもしれません。

　また、頼れる家族がいるということは、要介護者の依存を引き出し、要介護者自身でできることを少なくさせてしまいます。家族がいてくれることが、デイサービスに行かない理由、あるいはホームヘルパーを断る理由になっているケースも多々あります。ダブルケアの場合、さらに、保育園を休ませて実家に連れてきた子どもの世話も抱え込むことになるのです。

　介護休業もテレワーク・在宅勤務も、使い方を間違ってしまえば、善意のままダブルケアラーを社会から排除する結果になることを、支援者である専門職は理解しておく必要があります。そして何より、専門職自身が家族の介護のために介護離職したりすることがないように、自身の家族関係を振り返ることが、説得力のある支援には必要不可欠です。

Chapter 3-6

当事者支援の実際とダブルケアカフェ運営のポイント

01 » 当事者支援の必要性（ニーズ）

①ダブルケアカフェ立ち上げのきっかけ

ダブルケアカフェのはじまりは、当事者インタビューに協力してくれた方々に声をかけて開催した座談会でした。当事者の友人に声をかけたところ「似たような境遇の人と話してみたかった」と喜んで参加してくれたことを覚えています。

座談会は非常に盛り上がり、笑いあり涙ありのにぎやかな会になりました。後日、友人に感想を聞いたところ、「今まで話したことがなかったダブルケアの話を聞いてもらえて嬉しかった。他の参加者の話は共感することばかりで大変なのは自分だけじゃないと感じた。いつでもダブルケアの話ができる場があればいいのに」と、当日のことを思い出したのか、少し涙目になって話してくれました。その話を聞きながら、当事者同士が話せる場を継続していく必要性を強く感じました。

②気兼ねなくダブルケアの話ができる場の必要性

普段の生活のなかで、当事者は自分がダブルケアをしていることを誰かに話すことはほとんどないといいます。子育てを通じて知り合った人たちには介護経験者は少なく、話しても同情されるだけか、その場の雰囲気を暗くしてしまう可能性があるからだそうです。一方、介護者の集まりで子育てもしていることを話しても、参加者の年齢が高く、その大変さに共感してくれることは少なく、自然と集まりから足が遠のいてしまうそうです。

何度もあきらめずに話すことで理解を得ることができ、自分と同じダブルケア当事者と知り合えた人たちもいますが、その数は僅かです。多くのダブルケアラーは育児や介護を話題にすることで、その場の雰囲気を壊してしまうことを恐れて話せないのです。そして話さないことがダブルケアラーの孤立を深め、精神的に追い込んでしまうのです。

③共感と共有、そして有益なヒントを得る場

ダブルケアカフェは似たような境遇のなかで頑張る当事者たちが、お互いの思いに共感し、共有することで、大変なのは自分1人ではないと勇気づけられる場となります。また、そこで話される内容には、育児や介護のヒントになるような話がたくさんあります。

たとえばある当事者が、親をショートステイへ送り出すときに薬の準備が一番大変で面倒だということを話したところ、他の参加者が、調剤薬局で「一包化」してくれるので聞いてみるとよいのではとアドバイスをしました。介護保険制度や子育て支援制度の情報に、「薬の一包化」の情報は見当たりません。専門職にとっては当たり前の情報も、実は当事者には届いていないこともあります。自分も苦労したという経験が当事者同士の有益な情報として共有され、その後のケアに活かされていきます。

ちなみに後日、その情報を得たダブルケアラーが嬉しそうに「一包化してもらうことに成功した」と報告してくれました。小さな負担の軽減かもしれませんが、本人にとっては、大きなストレス軽減につながった例だと思います。このようなケアに有益なヒントがダブルケアカフェにはたくさんあるのです。

02 » ダブルケアカフェの開催準備と運営

①開催準備

ダブルケアカフェの大きな特徴の1つに、主催者に当事者や元当事者が多いということが挙げられます。当初は偶然かと思っていましたが、「自分もダブルケアカフェを開催してみたい」という問い合わせのほとんどがダブルケア経験者です。

「ダブルケアカフェを始めたい」という相談では、まず「なぜやりたいのか」をじっくりと聞きます。「当事者の孤立をなくしたい」「情報交換できる場を作りたい」「(ダブルケアの)認知度を上げたい」など、皆さんがさまざまな思いをもっています。

実は、当事者でカフェを始めたいという場合の多くは、自分自身が誰かに話したい、仲間を探したい、という思いをもっていることがほとんどです。自分の本当の思いに気づいていないことも多いので、確認のためにもじっくりと話し合うことが必要です。

実際に運営を始めると困難がいくつもあります。まず、当事者自身が多忙であり、企画や告知、会場準備などの負担が予想以上に大きいということです。また、運営するためには多少なりとも資金が必要になります。そして1人では大変なので仲間を募らなければなりません。

そこで準備段階から地域の団体とつながることをすすめています。たとえば、自分の住む地域の社会福祉協議会や男女共同参画センター、介護者の集いや認知症カフェ、子育て支援拠点や地域のボランティア団体などです。生活協同組合も資金援助や場所の貸し出しに協力的です。そういう施設や団体のことを知るにはイベントや勉強会、講演会などに参加することが大切です。つながりをもつことで、ダブルケアに関心のある仲間に出会えることもあれば、協力・連携できる人たちに支援を依頼できることもあります。

②オンライン開催のメリット・デメリット

この数年のコロナ禍で、実際に集まることが非常に難しくなりました。そこで発展したのがオンラインでのダブルケアカフェです。オンラインは当事者にとっては都合のよいことが多くあります。

1. 自宅から参加できる（移動が最小限になる）
2. 名前、顔を出さなくてもよい
3. 近所の人に会う確率が低い
4. 参加費が無料や安価
5. 全国、どこからでも参加できる

こうした理由からも、オンラインでのダブルケアカフェは現在も盛んに行われています。

主催者にとっても、告知や募集をSNSなどで行えたり、当日の準備の負担が軽くなったりするというメリットがあります。地域によっては介護をしていることを周りに話しにくい状況もあるので、そういった理由で参加をあきらめていた当事者のとっては、本当によい機会だと思います。

一方で、デメリットもあります。

1. 地域の情報が得にくい
2. 自宅参加の場合は家人に聞かれてしまう
3. 深い話ができない
4. 進行が難しい

ダブルケアカフェは実際に会って話をすることで癒される効果があると感じています。オンラインももちろんよいと思いますが、やはり自分の住む地域にダブルケア仲間がいて、町のどこかで会ったときに、少しでも話せるような関係が築けるダブルケアカフェが理想的です。人は相手の体温が感じられると安心感が生まれ癒されると思います。

③ダブルケアカフェの広がり

図6の全国地図は2020年に（一社）ダブルケアサポートが発行した『もっと！　ハッピーケアノート』をもとに作成した全国のダブルケアカフェ開催団体の紹介です。発行以降にカフェを始めた団体が京都や広島県、大阪府にもあります。準備段階で相談を受けている個人団体が宮城県や埼玉県にもあり、全国的に広がりをみせてます。

こうした団体をつなぐプラットホームの役割を担うのが発行元のダブルケアサポートと北海道にあるKa.ELLE（カ・エル）です。オンライ

ダブルケアカフェの様子。最近ではオンライン開催も。

ンを有効に活用しながら、全国の仲間とダブルケア当事者支援をしています。

そしてダブルケアをもっと知ってもらうために2022年からは2月2日を「ダブルケアの日」としてオンラインを中心とした「ダブルケア月間」という啓発イベントを開催しています。

私たちがダブルケアカフェを始めて7年が経とうとしています。これまでに多くのダブルケアラーたちと笑い、嬉しさやつらく苦しい気持ちを分かち合い、涙を流してきました。予定時間を過ぎても話が尽きず、食事をするのも忘れて話し続けたことも一度や二度ではありません。

さまざまなメディアに紹介され、そのたびにダブルケアカフェの必要性を訴え続けてきました。少しずつ理解は広がり仲間も増えてきました。孤立を防ぐ、理解を深める、情報を集めることの有効性を話してきましたが、一番大切なことは、当事者がその人らしくケアをするためのきっかけづくりであり、当事者自身の心身のケアだと考えています。

ダブルケアは磁石のようなものであると考えられています。ダブルケアカフェもさまざまな立場の人たちをつなぎ、ケアをする人たちに優しい社会になる一助になると確信しています。

最後に実際にダブルケアカフェを開催するときのガイドラインをご紹介します。ダブルケアと一緒でダブルケアカフェも開催する土地や人、団体で形はさまざまですが、共通する注意点やコツ、ポイントがあり、それを理解したうえで開催することをおすすめしています。

図6 ダブルケア支援関連団体

ダブルケア当事者や支える人たちが集い話す場所『ダブルケアカフェ』が全国に広がっています。詳しいことはそれぞれの団体へお問い合わせください。

1

Ka.ELLE

《プラットホーム》
北海道札幌市
✉info@kaelle3.com
https://www.kaelle3.com/

2

いわてUmiのいえ

《カフェ開催》
岩手県盛岡市
✉iwate.uminoie@gmail.com
https://iwateuminoie.wixsite.com/birth

3

岩手奥州ダブルケアの会

《カフェ開催》
岩手県奥州市
✉wcare.oshu@gmail.com
https://ameblo.jp/piyo-sunflower

4

NPO法人こだまの集い

《カフェ開催》
東京都杉並区
✉kodamanotsudoi@gmail.com

https://www.kodamanotsudoi.com/

5

一般社団法人 ダブルケアサポート

《ダブルケア支援全般・プラットホーム》
神奈川県横浜市
✉wcareyokohama@gmail.com

http://wcaresupport.com/

6

NPO法人てとてと陽だまり

《カフェ開催》
神奈川県横浜市港南区
✉tetoteto.hidamari@gmail.com

http://tetoteto.org/

7

なないろ

《カフェ開催》
静岡県三島市
✉nanairoprism_wcafe@yahoo.co.jp

https://www.facebook.com/prismwcafe/

8

やまなしダブルケアの会

《カフェ開催》
山梨県中央市
✉yamanashidaburukea@gmail.com

https://www.facebook.com/wcareyamanashi

9

ダブルケアパートナー

《カフェ開催》
愛知県名古屋市
✉wcarepartner@yahoo.co.jp

http://wcarepartner.com

10

まいづるダブルケアの会 えくぼ

《カフェ開催》
京都府舞鶴市

https://wcare-ekubo-maizuru.jimdofree.com/

11

君彩（きみどり）

《カフェ開催》
大阪府大阪市

https://kimidori-wcare.com/

12

NPO法人 子育てネットひまわり

《カフェ開催》
香川県高松市出作町

http://himawarinet.c.ooco.jp/

13

NPO法人わははネット

《カフェ開催》
香川県坂出市林田町
さかいで子育て支援センター
まろっ子ひろば

http://sakaide-kosodate.com/marokko/

14

ダブルケアひろしま

《カフェ開催》
広島県呉市
✉2care.hiroshima@gmail.com

https://www.facebook.com/2care.hiroshima

15

ダブルケア大分県 しましまかふぇ

《カフェ開催》
大分県大分市
Instagramアカウントに DM
@simasimacafe.oita

ダブルケアカフェ ガイドライン

2017年3月14日（現在）
（一社）ダブルケアサポート編

ダブルケアカフェとは、複合的なケア課題を抱えた人々が、カフェという緩やかで心地のよい場に集い、共に語り合うことで、精神的な負担を軽減すると共に、必要な支援情報を提供する場です。

これからダブルケアカフェを実施しようとお考えの団体・個人に向けて、ガイドラインをつくりました。

ダブルケアカフェ開催のポイント

❶誰が主催者なのかを明確に

団体・個人にかかわらず、名称や連絡先はもちろん、普段どのような活動をしていてどうしてダブルケアカフェを開催しようと思ったのか、その思いについても明記するようにしましょう。

❷場所は？

子育て広場や地域包括支援センターなど、子育てや介護の関連施設であればその施設を利用するのがよいでしょう。自分たちの場所をもたない個人や団体の場合は、公共施設の貸し部屋などをうまく活用しましょう。お子さん連れで参加される方も想定してアクセス方法やお部屋のつくりも考慮して場所を探してください。プライベートな空間がとれるところが理想です。

❸対象者は誰？

ダブルケアカフェの対象者は現在ダブルケアに奮闘中の当事者（ダブルケアラ

ー）。場合によっては、過去に経験をされた方や、近い将来ダブルケアに直面しそうな方、単純にダブルケアのことを知ってみたい方など、さまざまな方からお申し込みが来る場合があります。特にダブルケアラーの話はプライベートな内容になるので、対象者を限定するかどうかは慎重に考えるべきことです。ダブルケアカフェの目的からすると、経験者・当事者に限定しての開催が望ましいです。（支援者の参加については❼を参照）

❹対象者にどうやって知ってもらうか

自分から「ダブルケアをしている」と発信する人はあまりいないこともあり、なかなか見えてこないダブルケアラー。カフェを開いても誰も来ないかも……、そんな不安もあるかと思います。対象者を見つけるヒントは子育て支援関係施設・団体と行政や地域包括支援センターなどです。子育て支援施設、広場、サロンや幼稚園、保育園など、子育て中の方が利用する場所に周知することがまず1つ。そして、介護を実際にされている方は行政や地域包括支援センターとつながっているので、介護側から対象者を見つけることも有効です。まずはチラシを作ったら関係施設に宣伝に行きましょう。

❺対象者に合わせた開催日時の設定

平日ならば子どもを預けられる時間帯（10:00〜14:00の間）が参加しやすいです。幼稚園のお子さんがいる場合は特定の曜日のみ半日保育という地域もありますので注意しましょう。土日の開催もパートナーがお子さんを預かったり、お子さんも一緒に参加したりできるスタイルをとることで参加のハードルが下がります。特に平日にお仕事をされている方から土日開催の要望があります。

❻お子さん連れ参加への配慮

まだ子どもが生まれたばかりだったり、預け先がなかったり、夏休み中で子どもが家にいる場合などを想定してなるべくお子さん連れOKな場になるよう心がけましょう。別室保育を設定できなくても、同室で見守り型の保育をする（見守り担当のスタッフを配置する）、子どもが遊べるスペースをつくる、など、ちょっとした工夫でお子さん連れが参加しやすくなります。

関係施設例：子育て支援施設・団体、地域包括支援者、社会福祉協議会、行政、自治会（主任児童委員、民生委員）など。

❼カフェを通じて地域とのネットワークをつくろう

ダブルケア支援にはさまざまな支援者がかかわることが大切ですので、ダブルケアラーの実態を知り、具体的な支援を考えるために、支援関係者にカフェへの参加を促しましょう。

また、カフェではダブルケアラーの話を「大変だね」で終わらせないよう、専門家を同席させて解決や改善につなげたり、ゲストスピーカーを招き介護や育児の有益な情報を参加者に与えたりすることが大切です。カフェの開催を通じて、関係施設との連携、地域とのネットワークをつくっていきましょう。

❽話しやすい雰囲気づくりを

ただ場所を設けて「さあ、話してください」ではなかなか話しにくいものです。それぞれの場所や人柄を活かして、ダブルケアラーにとって心地よい場になるよう工夫しましょう。「カフェ」なので、可能であればちょっとした飲み物とお菓子を用意しておくとカフェ的な雰囲気を演出できますね。人数が多い場合はグループをつくり、各グループにファシリテーター役を配置すると初めて参加する人も安心です。話を聞くことの大切さ、「共感・共有・寄り添い」をキーワードに心がけてください。

❾定期開催のススメ

月に1回、3か月に1回、頻度はさまざまですが、定期的に開催していることが望まれます。何度か開催しているうちにこのような場を必要としている人が情報をキャッチし、足を運ぶことになるからです。また、次回開催の予定を、日時等詳細は決まっていなくてもおおよその時期を伝えたり、決まり次第ホームページに掲載するなどの告知方法を伝えるようにしましょう。次回も「開催される＝話せる場所」があることの安心感につながります。

⑩細く長く続けるために

[費用について]

なるべく費用がかからない方法を模索しながら、どうしてもかかる保育費用などの捻出のために協賛や寄付を募ったり、助成金等をうまく活用したりするとよいでしょう。ダブルケアは経済的負担も大きいので、参加者からはなるべく参加料を徴収しないほうがよいでしょう（飲食代実費を徴収する程度）。

[マンネリ化防止]

ダブルケアのことだけでなく＋アルファを同時開催してみるのも参加しやすい雰囲気になります。たとえば食べること（お弁当、おやつ）、洋裁、塗り絵、アロマ、ハンドマッサージ等。ダブルケアの話題以外のもので、話し合うきっかけとなる場づくり、特に支援者自身のケアにつながるようなものもおすすめです。

こんなときには！

参加者にダブルケアラーがいない！

ダブルケアに関心をもった方々の集まりなので悲観することはありません。みんなでダブルケアについて考える時間としましょう。当サイトの情報や動画なども活用してください。事例共有や、事例を元にしたケースワークをやってみたり、支援者側の問題点について議論するのもよいでしょう。

注意事項

- 当ガイドラインは私たちがこれまで開催したカフェから培ったノウハウを、こらからダブルケアカフェを開催したい方へ向けての参考としてまとめたものです。このガイドラインを参考に実施するダブルケアカフェの責任はすべて主催者側にあり、当法人は一切責任を負いません。
- 当法人のダブルケアに関する資料等を活用する場合は出典を必ず明記してください。

編著者・執筆者一覧

（執筆順／◉は編著者を示す）

◉**渡邉浩文**（わたなべ・ひろふみ）
はじめに／Chapter 2 はじめに，case 9, 17／Chapter 3-1, 3-2
武蔵野大学人間科学部社会福祉学科教授

相馬直子（そうま・なおこ）
Chapter 1
横浜国立大学大学院国際社会科学研究院
国際社会科学部門教授

加藤晃子（かとう・あきこ）
Chapter 2　case 1, 14
ヒューマンサービスこころ居宅介護支援管理者
主任介護支援専門員

森安元希（もりやす・げんき）
Chapter 2　case 1, 6, 11
企業主導型保育所くまこぐま園長

◉**室津 瞳**（むろつ・ひとみ）
Chapter 2　case 1, 9, 10, 11, 12, 17, 21, 23, 24／Chapter 3-6
NPO法人こだまの集い代表理事

齋藤久美子（さいとう・くみこ）
Chapter 2　case 2, 23
スクールソーシャルワーカー（栃木県）

鹿糠沢裕太（かぬかざわ・ゆうた）
Chapter 2　case 2
一般社団法人日本福祉環境整備機構
キーステーションプロジェクトマネージャー

八幡初恵（やはた・はつえ）
Chapter 2　case 2, 6, 8, 13, 16, 19, 25
岩手奥州ダブルケアの会代表

◉**森安みか**（もりやす・みか）
Chapter 2　case 3, 22／Chapter 3-2②④，3-3-03①②③④，04
一般社団法人Geny 理事，NPO法人こだまの集い
副代表，杉並社会福祉士会副会長

塩路直子（しおじ・なおこ）
Chapter 2　case 3, 7
順天堂大学医学部附属浦安病院医療福祉相談室
ソーシャルワーカー

◉**植木美子**（うえき・よしこ）
Chapter 2　case 3, 4, 14, 18, 20, 22／Chapter 3-6
特定非営利活動法人てとてと陽だまり理事長
一般社団法人ダブルケアサポート理事

奥州市地域包括支援センター
Chapter 2　case 4

小薮基司（こやぶ・もとし）
Chapter 2　case 4, 5, 14, 20, 26
社会福祉法人若竹大寿会横浜市すすき野
地域ケアプラザ所長

若松千尋（わかまつ・ちひろ）
Chapter 2　case 5, 10, 12, 19
DC NETWORK副代表，元自治体保健師

◉**野嶋成美**（のじま・なるみ）
Chapter 2　case 5, 15／Chapter 3-6
Ka.ELLE代表

水谷晴未（みずたに・はるみ）
Chapter 2　case 6, 24
医療法人社団ゆい訪問看護ステーションゆい
看護師

東 恵子（あずま・けいこ）
Chapter 2 case 7, 11, 12, 20
一般社団法人ダブルケアサポート代表理事
NPO法人シャーロックホームズ理事長

小野範子（おの・のりこ）
Chapter 2 case 7
まいづるダブルケアの会えくぼ代表

船井康雄（ふない・やすお）
Chapter 2 case 8, 13
合同会社船井ソーシャルワークオフィス
社会福祉士, 主任介護支援専門員

林田道子（はやしだ・みちこ）
Chapter 2 case 8, 19
NPO法人I am OKの会理事長
公認心理師

柳 陽子（やなぎ・ようこ）
Chapter 2 case 9, 13, 16, 22
自治体助産師, 帝京大学医療技術学部看護学科

川内 潤（かわうち・じゅん）
Chapter 2 case 10, 15, 21, 25／Chapter 3 - 5
NPO法人となりのかいご代表理事
社会福祉士, 介護支援専門員, 介護福祉士

田中良枝（たなか・よしえ）
Chapter 2 case 15
保育士,幼稚園教諭

高橋智史（たかはし・さとし）
Chapter 2 case 16, 17
医療法人清和会地域包括支援センターみずさわ南
社会福祉士, 認知症地域支援推進員

福原ルミ子（ふくはら・るみこ）
Chapter 2 case 18
舞鶴市民生委員

内出幸美（うちで・ゆきみ）
Chapter 2 case 18
公益社団法人認知症の人と家族の会
岩手県支部代表

渡辺孝行（わたなべ・たかゆき）
Chapter 2 case 21, 26
おうちのケアプラン三茶管理者
主任介護支援専門員

田中悠美子（たなか・ゆみこ）
Chapter 2 case 23／Chapter 3 - 4
立教大学コミュニティ福祉学部助教
一般社団法人ケアラーワークス代表理事

川田かおり（かわた・かおり）
Chapter 2 case 24
特定非営利活動法人みかんぐみ副代表理事

太田広美（おおた・ひろみ）
Chapter 2 case 25
認定NPO法人わははネット
地域子育て支援コーディネーター

湊 貞行（みなと・さだゆき）
Chapter 2 case 26
株式会社東京在宅サービス相談員

寺田由紀子（てらだ・ゆきこ）
Chapter 3 - 3 - 01, 02, 03⑤⑥⑦⑧
帝京大学医療技術学部看護学科講師
DC NETWORK代表, 助産師, 公認心理師

子育てと介護のダブルケア

事例からひもとく連携・支援の実際

2023年3月15日　発行

編　著　渡邉浩文　森安みか　室津 瞳　植木美子　野嶋成美

発行者　荘村明彦

発行所　中央法規出版株式会社
〒110-0016　東京都台東区台東3-29-1 中央法規ビル
TEL　03-6387-3196
https://www.chuohoki.co.jp/

印刷・製本　新津印刷株式会社

アートディレクション　細山田光宣

デザイン　能城成美（細山田デザイン事務所）

DTP　柳本真二

イラスト　山中正大

ISBN978-4-8058-8826-1

定価はカバーに表示してあります。
落丁本・乱丁本はお取り替えいたします。
本書のコピー，スキャン，デジタル化等の無断複製は，著作権法上での例外を除き 禁じられています。また，本書を代行業者等の第三者に依頼してコピー，スキャン，デジタル化することは，たとえ個人や家庭内での利用であっても著作権法違反です。
本書の内容に関するご質問については，下記URLから「お問い合わせフォーム」にご入力いただきますようお願いいたします。
https://www.chuohoki.co.jp/contact/